たのしくできる
ダウン症の発達支援
アセスメント&プログラム

2

監修
橋本創一

編
橋本創一・山口 諒・堂山亞希
加藤宏昭・秋山千枝子

知能を
育てる

福村出版

まえがき

　本書をお手に取っていただきありがとうございます。

　1866年に，イギリスの医師Down（ダウン）氏がダウン症について初めて報告してから150年あまりが経ちました。その頃から今日に至るまで，ダウン症のある人たちを取り巻く環境は大きく変化しています。

　ダウン症は，1000人に1人の出現率とされてきましたが，日本を含む先進国では，近年，さまざまな要因から500～700人に1人の出生というデータが発表されています。出生前診断が実施される医療機関が増えている中で，変わらず一定量，または増加傾向を示しながら，ダウン症のある子どもは豊かに暮らす権利をもって生まれてきて，家族とともに楽しい生活を営んでいます。一方で，合併症やさまざまな発達におけるハンディキャップがあるために，子どもの実態に合わせて，個別に，しかも集中的に，療育・保育・教育において工夫しながら支援する必要があります。知的障害者全体の1割程度を占めるのがダウン症です。日本全国の療育機関・保育所・幼稚園・学校・施設等に，必ず在籍しています。そのため，支援者・関係者にとっては，必ずダウン症のある子どもと接する機会があり，基本的な接し方や対応，療育，実践の工夫等を知ったり学んだりしたいというニーズは著しく高いと考えています。

　また，ダウン症のある子どもをもつ保護者・家族は，生後間もなく子どもの障害や支援ニーズ等が明らかになることから，家庭等で0歳という超早期から子育ての工夫や療育的な要素を取り入れた関わり方を実践していることが少なくありません。しかし，合併症は多様であり，健康面に留意しながら，うまくいかない子育てに悩んだり，その発達状況を心配したりすることも多いはずです。この点は，保育所や幼稚園，学校の保育者・教師も同様です。

　こうした悩みや心配に対して，「健康に留意した上で！」「子どももおとなも背伸びをせずに！」「楽しくなければ，やめればいい！」をモットーにして，①具体的な療育的要素を取り入れた子育て・保育・教育のプログラム，②さま

ざまな発達領域をカバーしたもの，③ダウン症児の発達と育ちが著しい0歳〜10歳（社会性とキャリア・余暇を育てるための支援プログラムは，19歳以降まで含む）の支援等をシリーズで刊行することを企画しました。

『たのしくできるダウン症の発達支援 アセスメント＆プログラム』
第1巻　ことばを育てる
第2巻　知能を育てる
第3巻　元気な体をつくる
第4巻　社会性を育む

　今日，ダウン症のある人が社会で活躍する姿を見ることは珍しいことではありません。芸術分野での活躍をはじめ，社会での活躍のためには，心身の調和的な発達が必要であり，「知・徳・体」のバランスのとれた療育が行われることが重要です。

　第2巻では，「知能を育てる」として，「知・徳・体」のうち「知」の側面に焦点を当てて，解説や実践を掲載しています。障害のあるなしにかかわらず，子どもたちの知的な発達を促すためには，第一に，子どもたちが興味をもって，自発的に活動できるようにすることが重要です。そのためには，子どもたちの支援にあたる方々が，子どもたち1人1人の発達の状況を正しく捉えるとともに，適切な療育および指導の内容を用意することが求められます。1〜3章では，おもに，療育および指導を行うにあたって把握しておくべき事柄について解説を行っています。ダウン症のある子どもの育ちと学びについて，医学的な問題や認知面での特性を理解し，適切な医療的対応やそれぞれの特性に応じた支援を行うことは，知的な発達を促す上で重要なことです。また，近年，ダウン症のある子どもに限らず，障害のある子どもの療育および指導の場がさまざま整備されています。支援ニーズに十分応えることができる場を選択するためにも，支援ニーズを的確に把握することが求められます。4〜6章では，療育・保育・教育等の場面における，知的な発達を促進するための関わりについ

て，解説を行っています。適切な関わりをするためには，関わる人も含めた環境の調整が必要であること，関わる支援者同士の連携が重要であること，また，急速に普及が進んでいるICT機器を活用した関わりについても述べています。7章では，ダウン症のある方の幼少期から成人期までの成長の様子を，保護者の方にご紹介いただきました。社会の中で育てていくにあたり，それぞれの時期で大切なことが保護者の思いとともに記されています。8章では，知能の発達を把握するためのアセスメント票を，9章では，発達の段階ごとに，知能を育てるための具体的な支援プログラムを掲載しています。療育および指導のねらいや具体的な方法・工夫についてイラストを交えて分かりやすく紹介していますので，実際の療育および指導の場面で参考としていただくことができます。また，最後の「よくあるQ&A」では，知的な発達の面から，多くの保護者が日常の療育において疑問に思ったり，悩んだりすることについて，回答を載せています。各章とも，ダウン症のある子どもへの療育に関するこれまでの知見に基づき，近年の社会や特別支援教育の動向を踏まえた内容となっています。

　なお，本書の活用にあたっては，心身の調和的な発達を育成する観点から，ぜひ，他の巻の内容も適宜ご参照ください。本書が，ダウン症のある子どもの支援に関わる方々にとって，子どもの知的な発達を育成するための支援の充実に役立つことを願っています。

　最後に，お忙しい中ご執筆いただいた皆様，ご協力いただき感謝いたします。また，出版にあたり福村出版編集部の方々にたいへんお世話になりました。これからこの本が世に羽ばたき，社会の中で架け橋となって，ダウン症のある子どもやおとなへの理解が広がり，誰もが自分らしくいきいきと暮らせる社会になる，その一助となることを切に願っています。

2023年3月21日世界ダウン症の日に

加藤宏昭／橋本創一

目　次

1章

認知機能の発達と
育ち・学び

山口　遼

1．認知機能の発達と知的障害

　「認知」とは，心理学ではかなり多義的に用いられることばです。狭義には，「単語，顔，複雑な物体等を認識する過程，すなわち過去の経験を通じて学習した事物を再認する過程」と定義されています。広義には，「記憶，注意，言語，運動制御，思考，問題解決，意志決定等，幅広い心的過程を含むことば」とされています。

　Piaget（ピアジェ）は認知機能の発達を生物的な成長と，成長過程の中で知識・経験を重ねたことによる成長の両面から考察し，「認知発達理論（発生的認識論）」を提唱しました。そして，表 1-1 に掲げた「シェマ」「同化」「調節」「均衡化」「操作」の 5 つのことばを重要な基本概念とし，子どもの認知発達を，可能な「操作」の水準から以下のように 4 つに分けました。**1．感覚運動期**は，0 ～ 2 歳頃までの時期を指し，見る聞く等感覚を通して外界の物事を捉え，その物に直接働きかけていくことで（同化・調節の繰り返し），外界を認識していきます（キーワード：循環反応・対象の永続性）。**2．前操作期**は，2 ～ 7 歳頃までの時期を指し，目の前にない事物を心の中で思い浮かべることができるよう

**表 1-1 Piaget による認知発達理論（発生的認識論）における重要語句と
その説明**

シェマ	認識（ものの捉え方）の枠組みのこと
同化	シェマに基づき外界から情報を取り入れる（理解する）こと
調節	既存のシェマで対応できない時シェマそのものを変えること
均衡化	同化と調節を繰り返しながらある認識を次のさらに安定した認識に発達させる過程のこと
操作	行為が内化（頭の中で操作する）されること

になり（表象の獲得），それによってある事物を別の事物で表す象徴機能が成立
していきます（キーワード：象徴／ごっこ遊び・直感的思考・自己中心性）。さら
にこの時期は，象徴的思考段階（2〜4歳）と直感的思考段階（4歳〜）に分け
られます。**3. 具体的操作期**は，7〜11歳頃までの時期を指し，目の前に具体
的な対象があれば操作を用いることが可能となり，思考に論理性が備わるよう
になります。また，自己中心性が減少し，見た目に左右されずに多面的に物事
を捉えることが可能となります（キーワード：保存の成立・三つ山課題）。さら
にこの時期は，数の保存や系列化等が可能となる段階（7，8歳）と，さらに高
次な具体的操作が可能となる段階（9歳〜）に分けられます。**4. 形式的操作期**
は，11歳以降の時期を指し，具体的な対象にとらわれることなく形式に則っ
て論理的な思考をすることや，仮説に基づいて結論を導いたり，関係性に基づ
いて今後の変化を予測したりすることが可能となります（キーワード：仮説演
繹的思考）。この段階を人間の思考の完成形態として捉え，14，15歳頃に全般
的に成立すると考えました。

　Inhelder（インヘルダー）は，Piaget の理論を知的障害児へ適用し，彼らの
発達過程をまとめています。その結果，①知的障害児は，発達の速度は遅いも
のの，健常児と同様な段階を経て同じ順序で発達する，②知的発達程度別に見
ると，重度・最重度知的障害児は感覚運動期を超えない者，中度知的障害児は
前操作期を，軽度知的障害児は具体的操作期をそれぞれ超えない者，として特
徴づけています。また，健常児とは異なる発達的な特異性を3つ（固定性・粘

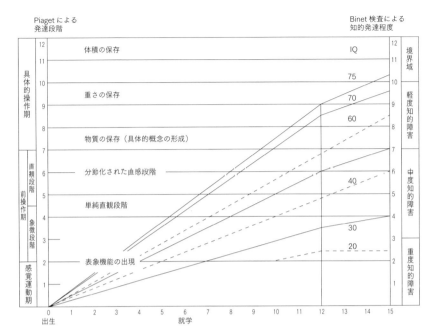

図 1-1 Binet 検査による MA（精神年齢）と Piaget の発達による質構造変化の関係図式（住田，1970）

着性・動揺性[*1]）認めています（図 1-1）。

2．知能の発達と知的障害

　情報処理能力や問題解決能力の高さを個性と結びつけ，「賢い」や「頭がよい」と表現することがあります。このような能力を心理学では「知能」と呼んでいます。一方で，このことばの統一的な定義はいまだ明確なものはなく，議論が続いています。現在，知能はさまざまな能力の集合体として捉えてお

＊1　Inhelder による知的障害児固有の知能発達上の３つの特性（Inhelder, B., 1968）
①固定性：発達が次第に緩やかになり，やがてそれ以上の発達段階に移行しない状態のこと。
②粘着性：次の発達段階へ移行し，その段階の認知的操作活動が可能な場合でも，前の発達段階に踏みとどまろうとする状態のこと。
③動揺性：次の発達段階へ移行する際に，長期間にわたって発達段階間を揺れ動く不安定な状態のこと。

り，どのような能力があるか，どのように集合しているか，そこに着目した研究が多くなされています。

Cattell（キャッテル），Horn（ホーン），Carroll（キャロル）によるCHC理論では，知能に階層的な構造を仮定し，70以上の狭い能力因子からなる第1層，その上位に広範な能力因子（流動性知能Gf，結晶性知能Gc，認知的処理速度Gs，視空間能力Gv，短期記憶Gsm，長期貯蔵と検索Glr，聴覚的処理Ga，決断／反応速度Gt，量的知識Gq，読み書き能力Grw，等）からなる第2層，そして階層構造の頂上に第3層として一般因子gを置いています。知能に関する理論的研究は蓄積されており，それを受けて多くの知能検査がCHC理論をはじめとした知能理論の想定する知能因子を測定可能なように作成，あるいは改訂しています。そして，知能検査の結果を表す数値として知能指数（IQ：Intelligence Quotient）が用いられます。知能を評価する検査として，代表的なものにウェクスラー系知能検査やビネー系知能検査が挙げられます。日本では特別支援学校や療育機関等多くの臨床現場で「田中ビネー知能検査V」が活用されています。

知能の発達過程は，各年齢段階の知能検査結果（IQ等）の平均を算出し発達曲線図を作ることで，知能の一般的発達傾向を捉えることができます。健常児・者の全般的知能は，①11～12歳頃までに急速に発達し，発達の個人差（変動性）が大きく，特に生後2～3年間で顕著である，②11～12歳以降は発達が緩やかになり，18～20歳頃にピークに達する，調査によって異なるが③20歳以降はわずかな下降，あるいは同一レベルの維持，あるいはわずかな上昇傾向がみられる，とする報告があります。なお，成人期以降生涯にわたる知能発達は，知能の下位機能によって発達の様相が異なるといわれています。一般的知識，言語理解等の言語性知能および結晶性知能に関連した機能は学習経験等，環境的・文化的影響を強く受け，60歳以降になっても上昇傾向を示します。一方，記憶や類推能力等，動作性知能および流動性知能に関連した機能では，環境の影響が小さく，下降が比較的急であることが認められています。

知的障害児・者の全般的知能は，①16歳頃までに急速に発達し，以降の変

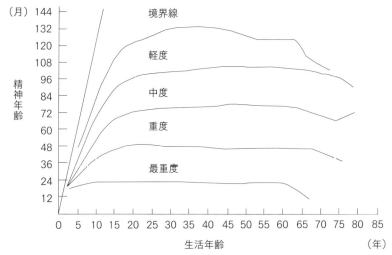

図 1-2　知的障害児・者の障害の程度と知能発達（Fisher & Zeaman, 1970）
※左端の斜線は，一般的な発達を示す。

化はなだらかとなり，おおむね60歳以降は衰退傾向を示す，② 12歳頃まで発達の個人差が大きく，20歳頃にピークに達した後，減少傾向に転じる，とする報告が示されています。健常児・者と比較すると，発達の速度が緩慢である点で異なっているといえます。また，知的障害の程度によっても異なり，障害が重いほど発達が緩慢で，低い水準にとどまることが分かります。図1-2によると，障害の程度別の平均を見ると，おおむね軽度群が精神年齢8歳（96か月），中度群が6歳（72か月），重度群が4歳（48か月），最重度群が2歳（24か月）で停滞しています。ダウン症児の知能は，①小学生段階において精神年齢は緩やかに発達する，②「知覚運動」は相対的に良好な成績を示し，「文章理解・類推」「数概念」は相対的に低い成績を示す，と示唆する研究もあります。

　一方で，これらはあくまでも特定の知能の一側面を量的に見た場合の変化を調べたものであり，認知発達の質的な変化を表しているものではありません。また，日常生活を送り経験や学習を積むことで，知能検査では測定できない部

分で育ちや学びを発揮する場合もあり，その点で留意する必要があります。

3．ダウン症児の育ちと学び

　乳幼児期（生後〜小学校就学）において，認知機能の発達は言語面や運動面と比較すると良好であるといわれています。学齢期（小学校段階）になると，発達の個人差が大きくなり，知能指数も IQ30 〜 70 と幅が広がります。聴覚的情報（聞くこと）よりも視覚的情報（見ること）を処理することの方が優位であり，目で見て学習することが得意であるといえます。学校教育の教科としては，国語（文字の読み書き・読書），音楽（ダンス・歌），図工（絵・工作）等が得意とされ，一方で算数（図形・文章題），体育（走る）等が苦手である場合が多いとされます。青年期（中学生段階〜就労後数年）以降になると，生活経験の拡大に伴い，ぐんとおとなへと近づいていく姿が多くみられます。一方で，能力低下が急に生じる「急激退行」という現象を呈する場合もあります。

　認知機能の発達において大切なことは，第一にダウン症児が外界への認識をもち，表象を形成することです。そのために，周りからの「五感への働きかけ・訴えかけ」が求められます。また，生活の中で「見る」ことを意識させる関わりをしたり，手指の操作性・巧緻性を高める活動を取り入れたりすることが必要です。特にダウン症児は追随注視が未熟であり，他者とのアイコンタクトや共同注意（物や人に対して他の人と同じように視線を向けること）が成立しにくく，また難聴や斜視等の眼疾患を合併することも多いので，養育者・援助者が子どもの視線の意味を意識して関わることが大切です。そして，姿勢保持させる関わりも同時に重要です。特に椅子座位が安定すると，机上学習はもちろんのこと，食事や製作活動への取り組みも行いやすくなります。ダウン症児においては，早期療育が児童期以降の発達に効果があるとされていて，発達を最大限に保障するために早期から発達支援を行っていくことが必要と考えられます。家族，地域，専門家がよりよい協力体制を築き，知能以外にも，健康や運動，言語，社会性をはじめとしたさまざまな視点から発達を考えていく必要が

あるでしょう。

　最後に，知的障害児全般の学びの特性として指摘されるのは，①日常生活の場で応用されにくい，②学習によって得た知識や技能は断片的になりやすい，③主体的に活動に取り組む意欲が十分に育っていない，等が挙げられます。実際的な生活経験が不足しがちであることから，抽象的な内容より実際的・具体的な場面の指導が効果的であり，成功体験を重ねていくことが重要です。特に，知的障害が重度である場合は，他の障害を併せ有することも多く，より一層のさめ細かな配慮が必要です。その他に，学習環境の設定や児童生徒への関わり方等の環境を整えることも，知的障害のある児童生徒が学習活動へ主体的に参加し，経験を拡大していく上で大切であると考えられます。

［文献］

Fisher, M.A., & Zeaman, D. (1970). Growth and decline of retardate intelligence. In N.R. Ellis (Ed.), *International review of research in mental retardation*. Vol.4, New York: Academic Press.

Inhelder, B. (1968). *The diagnosis of reasoning in the mentally retarded*. New York: John Day Co.

子安増生（編）（2016）．よくわかる認知発達とその支援 第2版．ミネルヴァ書房

三好一英・服部 環（2010）．海外における知能研究とCHC理論．筑波大学心理学研究，*40*, 1-7.

ピアジェ, J.（滝沢武久 訳）（1972）．発生的認識論．白水社

ピアジェ, J. & イネルデ, B.（波多野完治・須賀哲夫・周郷 博　共訳）（1969）．『新しい児童心理学』白水社

住田勝美（1970）．知能の研究．北大路書房

梅谷忠勇（2012）．図解知的障害児の認知と学習 ── 特性理解と援助 第3版．田研出版

2章

ダウン症にみられる知的障害と
支援ニーズ

加藤宏昭

1. 知的障害とは

　知的障害に関する定義は，時代や社会の状況に応じて変化しており，一概に示すことには難しさがあります。ここでは，アメリカ知的・発達障害協会（AAIDD）による定義と，文部科学省が令和3年6月に改訂発行した「障害のある子供の教育支援の手引〜子供たち一人一人の教育的ニーズを踏まえた学びの充実に向けて〜」（以下，「手引」）において示されている定義を見ていくこととします。

　アメリカ知的・発達障害協会による定義（AAIDD, 2010）では，「知的障害は，知的機能と適応行動（概念的，社会的および実用的な適応スキルによって表される）の双方の明らかな制約によって特徴づけられる能力障害である。この能力障害は18歳までに生じる」[*1]とされています。

---

*1　なお，AAIDDは，この定義を適用するには以下の5つを前提とするとしています。①今ある機能の制約は，その人と同年齢の仲間や文化に典型的な地域社会の状況の中で考慮されなければならない。②アセスメントが妥当であるためには，コミュニケーション，感覚，運動および行動要因の差はもちろんのこと，文化的，言語的な多様性を考慮しなければならない。③個人の中には，制約と強さが共存していることが多い。④制約を記述する重要な目的は，必要とされる支援のプロフィールを作り出すことである。⑤長期にわたる適切な個別支援によって，知的障害がある人の生活機能は全般的に改善するであろう。

　一方で，「手引」では，「知的障害とは，一般に，同年齢の子供と比べて，認知や言語などにかかわる知的機能の発達に遅れが認められ，『他人との意思の交換，日常生活や社会生活，安全，仕事，余暇利用などについての適応能力』も不十分であり，特別な支援や配慮が必要な状態」であるとしています（「手引」第3編障害の状態等に応じた教育的対応Ⅲ知的障害）。

　知的機能については，一般的には，標準化された知能検査によって測定された知能指数がおおむね70〜75程度以下を平均的水準以下としていますが，知能検査の結果がほぼ同じであっても，生活年齢や経験等によって，その状態像が大きく異なる場合もあります。

　「適応能力が不十分である」ということは，適応能力が十分に育っていないことから，特別な支援や配慮を受けることなしに，他人との意思の交換や，日常生活および社会生活において適切な行動をとることが，その年齢段階で求められる状態に至っていないということです。

　なお，このような知的障害の状態は，環境的・社会的条件で変わり得る可能性があるということに留意する必要があります。

2. ダウン症にみられる知的障害の特徴

　ダウン症は，染色体異常により，知的障害が先天的に生じている障害です。ダウン症の知的障害の状態としては，他の知的障害を伴う障害の場合と同様に，第1節で述べた，知的機能の発達の遅れおよび適応能力に関する育ちの不十分さがみられますが，これまでの研究では，ダウン症にみられる知的障害の特徴も報告されています。

　たとえば，知的機能の諸能力の領域別に見ると，ダウン症のある子どもは，動作模倣のような知覚運動に関する課題や，物の名称の理解と表出に関する課題については，達成が良好であるといわれています。その一方で，短期記憶や数概念に関する課題，また，複雑な言語能力を要する物の概念的理解と表現や，文章の理解と類推に関する課題については，困難を伴うということがいわれて

います。

　これらのことから，ダウン症のある子どもは，抽象的なことばによる問いか
けや，それに対してことばで応答すること，また，ことばで言われたことを記
憶しておくことに困難があるということが分かっています。

3. 知的障害の特徴から求められる支援ニーズ

　熊谷らが，東京都内にある小学校の通常の学級，特別支援学級および特別支
援学校の小学部，中等部，高等部に在籍するダウン症のある児童生徒29名を
対象に行った研究（熊谷・橋本，2016）で，ダウン症のある子どもに顕著にみ
られる特別な支援ニーズを調査しています。調査対象の40%以上の児童生徒
に「よく当てはまる」と回答のあったものを，表2-1にまとめました。

　熊谷らによれば，これらの特別な支援ニーズのうち，「意欲」および「集中
力」については，他の研究でも同様の結果がみられているとされています。

表 2-1　ダウン症のある子どもに顕著にみられる特別な支援ニーズ

学習	国語・数学・音楽・図工・体育において学年相応の達成ができない。
意欲	同じ課題でもやる気のある時とそうでない時の差が極端にみられる。 すぐに分からないと言う。
身体性	手先の不器用さが極端に目立つ。
集中力	授業中にポーッとしていることが多い。 課題中すぐに他のことに注意がそれる。
こだわり	1つの活動から次の活動へスムーズに移行できない。
話しことば	話すことにまとまりがなかったり，ことばが出てこない。

（熊谷・橋本，2016をもとに作成）

4. 特別な支援ニーズへの対応

(1) 意欲に関すること

　失敗をした経験を何度も重ねることで，自分に対する自信を喪失し，行動しようとする意欲を低下させてしまいがちです。大切なことは，最初は容易にできる活動を設定し，できた時には大いに賞賛することです。これにより，成就感を味わうことができるようにして，成功経験を積み重ね，徐々に自信を回復しながら，自己に対して肯定的な感情を高めていくことができるようにすることが大切です。

(2) 身体の動きに関すること

　粗大運動の発達の遅れと合わせて，細かい手先を使った作業の遂行が難しかったり，その持続が難しかったりすることがあります。これらの要因として，筋緊張の低さ，手指の巧緻性の困難さ等，運動面の要因が考えられることに加え，自分の身体の各部位への意識が十分に高まっていないことや，目と手の協応動作の困難さ等の認知面の要因も考えられます。

　そこで，紐にビーズを通す活動や小さな物をつまんで決められたところに入れる等，子どもが目で物を見ながら実際に手を動かして操作する活動を行うことが考えられますが，その際には，訓練のように行うのではなく，楽しみながら行えるようにすると，子どもの学習意欲を高め，集中の持続にもつながることになります。

(3) 集中力に関すること

　活動をする過程において，説明や手順等の必要な視覚的情報に注目することが難しかったり，内容の読み取りや理解に時間がかかるといったことがあるため，それによって注意を持続させたり，集中することが難しいといった状況があります。

情報を精選し，活動に必要な事柄に注目しやすくしたり，内容の読み取りや理解がしやすくなるよう，実物や写真を見える場所に掲示する等，さまざまな方法で明示することで，少しずつ注意が持続できるようにすることが大切です。集中して活動ができるようになることで，新たな概念の形成につながり，それによって，さらに注意の持続が可能となります。

（4）コミュニケーションに関すること

話しことばの不明瞭さや，ことばの習得状況の遅れから，自分の気持ちや要求をことばで適切に相手に伝えられなかったり，相手の意図が理解できないこともあるため，コミュニケーションが成立しにくいことがあります。言語によるコミュニケーションだけではなく，自分の気持ちを表した絵カードを使ったり，簡単なジェスチャーを交えたり，ICT 機器を使用する等，意思や要求を伝える手段を広げることで，コミュニケーションをとろうとする意欲を育てることが大切です。

また，記憶の保持が困難であることから，適切に意思を伝えることが難しいこともあります。タブレット型端末に入れた写真や手順表等の情報を手がかりとすることで，伝えたい事柄を整理してコミュニケーションができるように指導することも大切です。

文部科学省の『特別支援学校学習指導要領解説 各教科等編』では，ダウン症のある子どもを含む，知的障害のある子どもに対しては，表2-2 に示すような教育的対応が重要であるとしています。ダウン症のある子どもの支援ニーズを踏まえた指導を行うにあたっては，これらの教育的対応の基本を押さえた指導を繰り返していねいに行うことが大切になります。

表 2-2　知的障害のある児童生徒の教育的対応の基本

（1）児童生徒の知的障害の状態，生活年齢，学習状況や経験等を考慮して教育的ニーズを的確に捉え，育成を目指す資質・能力を明確にし，指導目標を設定するとともに，指導内容のより一層の具体化を図る。

（2）望ましい社会参加を目指し，日常生活や社会生活に生きて働く知識及び技能，習慣や学びに向かう力が身に付くよう指導する。

（3）職業教育を重視し，将来の職業生活に必要な基礎的な知識や技能，態度及び人間性等が育つよう指導する。その際に，多様な進路や将来の生活について関わりのある指導内容を組織する。

（4）生活の課題に沿った多様な生活経験を通して，日々の生活の質が高まるよう指導するとともに，よりよく生活を工夫していこうとする意欲が育つよう指導する。

（5）自発的な活動を大切にし，主体的な活動を促すようにしながら，課題を解決しようとする思考力，判断力，表現力等を育むよう指導する。

（6）児童生徒が，自ら見通しをもって主体的に行動できるよう，日課や学習環境などを分かりやすくし，規則的でまとまりのある学校生活が送れるようにする。

（7）生活に結びついた具体的な活動を学習活動の中心に据え，実際的な状況下で指導するとともに，できる限り児童生徒の成功経験を豊富にする。

（8）児童生徒の興味や関心，得意な面に着目し，教材・教具，補助用具やジグ等を工夫するとともに，目的が達成しやすいように，段階的な指導を行う等して，児童生徒の学習活動への意欲が育つよう指導する。

（9）児童生徒一人一人が集団において役割が得られるよう工夫し，その活動を遂行できるようにするとともに，活動後には充実感や達成感，自己肯定感が得られるように指導する。

（10）児童生徒一人一人の発達の側面に着目し，意欲や意思，情緒の不安定さなどの課題に応じるとともに，児童生徒の生活年齢に即した指導を徹底する。

（文部科学省, 2018）

[文　献]

American Association on Intellectual and Developmental Disabilities（AAIDD）(2010).　Intellrectual Disability: Definition, Classification, and Systems of Supports（11th Ed.）.（太田俊己・金子 健・原 仁・湯汲英史・沼田千好子（共訳）(2012).　知的障害 —— 定義、分類および支援体系 第11版　日本発達障害福祉連盟）

池田由紀江（1984）．ダウン症児の早期教育プログラム —— 0歳児から6歳児までの発達と指導．ぶどう社

菅野 敦・玉井邦夫・橋本創一・小島道生（2013）．ダウン症ハンドブック改訂版 —— 家庭や学校・施設で取り組む療育・教育・支援プログラム．日本文化科学社

熊谷 亮・橋本創一（2016）．学齢期ダウン症児の学校適応スキルと特別な支援ニーズ 東京学芸大学教育実践研究支援センター紀要, *12*, 33-38.

文部科学省（2018）．特別支援学校学習指導要領解説 各教科等編

文部科学省（2021）．障害のある子供の教育支援の手引〜子供たち一人一人の教育的ニーズを踏まえた学びの充実に向けて〜

3章

医学的問題と
治療，健康管理

....
秋山千枝子

ダウン症は小児期にさまざまな医学的問題を合併することが知られています（表3-1）。

1. 先天性心疾患

ダウン症の約40〜50%には先天性心疾患を伴うので，ダウン症を疑う兆候があれば胎児心エコー検査の適応となり，妊娠20週前後から先天性心疾患の診断が可能となります。また逆に先天性心疾患を疑う所見がある胎児はダウン症の可能性を考慮されます。出生から1か月の間に心臓超音波検査を行い，先天性心疾患の合併の有無を確認します。所見があれば小児循環器専門医に精査と，長期的な管理を委託します。

ダウン症に合併する先天性心疾患は，房室中隔欠損（右心房と左心室を隔てる房室中隔が欠損している疾患）が最も多く，心室中隔欠損，心房中隔欠損，動脈管開存，ファロー四徴，肺動脈弁狭窄，大動弁狭窄等があります。

先天性心疾患に対する手術を含めた治療方針はダウン症の合併の有無にかかわらず，基本的には同様であり，治療成績も良好であることが報告されています。ただし，ダウン症では先天的な肺低形成や肺胞形成異常を伴い，肺高血圧

表 3-1　ダウン症候群に合併する医学的問題（％）

聴力の問題	75
視力の問題	60
白内障	15
屈折異常	50
閉塞性睡眠時無呼吸	50 〜 75
中耳炎	50 〜 70
先天性心疾患	40 〜 50
歯数不足および歯牙萌出遅延	23
消化管閉鎖	12
甲状腺疾患	4 〜 18
けいれん発作	1 〜 13
血液学的問題	
貧血	3
鉄欠乏	10
一過性骨髄増殖症	10
白血病	1
セリアック病	5
環軸椎不安定症	1 〜 2
自閉症	1
ヒルシュスプルング病	1

（水野，2019）

を生じやすく，肺血管閉塞性病変が早期に進行するとされています。そこで，ダウン症に合併した先天性心疾患では，肺高血圧の有無と程度に注意が必要とされており，遅くとも生後3か月以内に肺高血圧を解消し，正常化するように計画されています。

　医学の進歩により，先天性心疾患の治療成績は急速に向上し，ダウン症に合併した先天性心疾患の治療成績も同様に向上し，ダウン症の平均寿命は延びています。そのため，ダウン症の成人先天性心疾患患者が増加し，成人となったときの危険因子として注意が必要です。

2. 消化器・肝疾患

　ダウン症はさまざまな形成異常を合併しやすく，その中でも消化器疾患は比較的頻度は高く，約4〜10％といわれています（表3-2）。ダウン症に合併する消化管の異常は狭窄や閉鎖が多く，十二指腸狭窄・閉鎖，ヒルシュスプルング病，肛門狭窄・閉鎖等があります。

十二指腸狭窄・閉鎖はダウン症の1〜5%に合併しているといわれており，胎児期に羊水過多や拡張した胃・十二指腸で診断されています。また，出生後は嘔吐や上腹部膨満があり，全身状態を確認の上で生後48時間以降に完全に治す手術が行われます。

表3-2　ダウン症にみられる消化管合併症

合併症	割合
セリアック病	5〜7%
十二指腸狭窄・閉鎖	1〜5%
ヒルシュスプルング病	1〜3%
肛門狭窄・閉鎖	<1〜4%
食道閉鎖／気管食道瘻	0.3〜0.8%
幽門狭窄	0.3%

（Weijerman & de Winter, 2010 より作成）

ヒルシュスプルング病はダウン症の約2%に合併しているといわれており，新生児以降に重度の便秘や腹部膨満，嘔吐等から疑われることが多いようです。診断には注腸造影検査，肛門内圧検査および直腸粘膜吸引生検等で行われ，治療は手術が行われます。

ダウン症はその他に胃食道逆流症や便秘症を来しやすく，胃食道逆流症の多くは軽快しますが，便秘症は持続することが多く，緩下剤や浣腸等で排便管理を行っていきます。

肝臓の異常として，ダウン症によく起こるのは新生児胆汁うっ滞（肝細胞で作られた胆汁の分泌障害があり，肝内に胆汁物質が停滞し，体内に胆汁中成分が蓄積した状態）や，一過性骨髄異常増殖症に合併する肝障害，そして非アルコール性脂肪性肝炎があります。新生児胆汁うっ滞は内科的治療により数か月で改善します。一過性骨髄異常増殖症はダウン症の約10%にみられ，致死的な経過をとることもありますが，多くは無治療で生後3か月以内に自然軽快します。非アルコール性脂肪性肝炎は，筋肉量が少なく運動量も少ないことが多いダウン症児・者では，高率に肥満となり，63%という高率で脂肪肝の合併がみられます。そこで，太らせないように管理することが重要です。

3. 血液疾患

ダウン症は肝臓での胎児造血から血液の異常が始まっているとされ，出生後

表 3-3　ダウン症候群における急性白血病の頻度

病態	一般集団	ダウン症候群	頻度比
白血病	2800 例に 1 例	100~200 例に 1 例	10~20 倍
急性リンパ性白血病	3500 例に 1 例	300 例に 1 例	12 倍
急性骨髄性白血病	14000 例に 1 例	300 例に 1 例	46 倍
急性巨核芽球性白血病	233000 例に 1 例	500 例に 1 例	466 倍

（Lange，2000 より改変）

にはほぼ全例に何らかの血球数異常が起こっています。そして，新生児における一過性の血球数異常から急性白血病まで合併し，特に一般集団と比較して10 ～ 20 倍の頻度で急性白血病を発症します（表 3-3）。

　一過性骨髄異常増殖症は生後 1 週間までに肝脾腫や白血球増加や血小板減少で発見されるため，出生後に 1 回は必ず血液検査をします。この疾患の多くは自然に改善しますが，一部は多臓器不全や敗血症で死に至ることもあります。

　ダウン症に合併する急性骨髄性白血病の典型例は，一過性骨髄異常増殖症が寛解した後，およそ 1 歳前後で発症するため，連続した病態で考えられています。そこで定期の血液検査による血小板減少で発見されたり，血小板減少で起こる紫斑で診断されたりしています。治療成績はよく，全生存率は 90％台ときわめて良好な成績が得られています。

　ダウン症の急性リンパ性白血病の発症頻度は 20 倍と高く，また一般の小児の急性リンパ性白血病の生存率が 63 ～ 88％であるのに比べ，ダウン症の場合には 50 ～ 70％と悪くなっています。その原因は治療抵抗性であることが多いためです。また，治療によって感染症の合併症が起こり治療を中断せざるを得ない必要性もあるからです。そのため，治療成績を上げるためにも専門施設において厳重な感染管理のもとで治療が行われます。

　以上から，ダウン症の場合には新生児期，それ以降も貧血のチェック等毎年の定期検診で血液検査を行う必要があります。

4. 内分泌疾患

ダウン症の合併症として甲状腺機能低下症と甲状腺機能亢進症の甲状腺機能異常が 30% の頻度でみられます（表 3-4）。

甲状腺機能低下症はダウン症の合併率は 28 〜 40 倍高いといわれており，新生児マススクリーニングで発見されるようになっていますが，生後半年までは甲状腺機能検査を継続して行います。また小児期に潜在性甲状腺機能低下症が発見されることがあり，多くは自然寛解しますが，一部発症することがあり，注意が必要です。自己免疫性で甲状腺機能低下症として知られている橋本病は，ダウン症の場合は一般的な橋本病の特徴と異なっており，重症化しやすく甲状腺機能亢進症であるバセドウ病へ移行することがあり，定期的に経過を見ていく必要があります。

甲状腺機能亢進症であるバセドウ病のダウン症との合併率は明らかではありません。健常児では女児の方が発症率は 5 倍多いのに対し，ダウン症児では性別差がない等，特徴が異なる点もありますが，体重減少，食欲亢進，眠りが浅い等の臨床症状や検査所見は差がなく，治療も一般的なガイドラインに則って

表 3-4　ダウン症候群における甲状腺機能異常の報告

著者名	Pierce ら	Tuysuz ら	Claret ら
対象年齢範囲	0 〜 26 歳	0 〜 10 歳	0 〜 6 歳
対象者数	n=508	n=320	n=1903
先天性甲状腺機能低下症	10（2%）	6（1.8%）	
潜在性甲状腺機能低下症	52（10%）	65（20.3%）	137（7.2%）
顕性甲状腺機能低下症	5（1%）	1（0.3%）	
甲状腺機能亢進症	8（1.6%）	1（0.3%）	12（0.6%）
合計	120（24%）	90（28.1%）	149（7.8%）

（柴田・長崎，2019）

行われます。抗甲状腺薬を長期間使用すれば，ほぼ半数は寛解するといわれていますが，治療に一定した見解が得られておらず，検討中であります。

5. 呼吸器疾患

　ダウン症には何らかの免疫不全症があり，気道感染症に頻回にかかり，また重症化することはよく知られています。上気道感染症では咽頭炎と中耳炎，下気道感染症では肺炎と細気管支炎が多く，特に肺炎は重症化しやすい傾向があります。そして先天性心疾患，気道や肺・肺血管，消化器，耳等の解剖学的・機能的異常も重症化に影響しています。また，低栄養，てんかん，白血病，歯科的問題も二次的に易感染性の原因にもなっています（図3-1）。

　そこで，生後1か月の間に呼吸器感染のリスクを確認し，先天性心疾患や気管支肺異形成症を合併している場合には，細気管支炎を起こすRSウイルスに対する予防として，24か月まで保険適用のパリビズマブ接種を受けたり，また，合併症による制限がなければ，1歳までの間に一般の乳児と同様に予防接種を

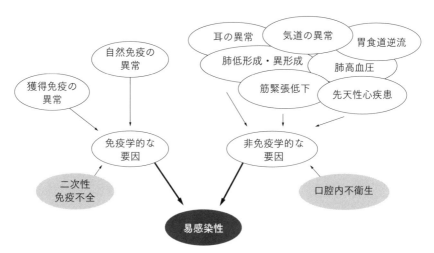

図3-1　ダウン症候群の易感染性の要因（大川・森尾，2019）．※（Ramら，2011より一部改変）

速やかに受ける等の予防対策をします。

　感染症の遷延化，重症感染や日和見感染がある場合には免疫機能を評価し，場合によっては免疫グロブリン製剤や，予防的ST合材の使用を検討し感染症対策を行います。

　日頃の感染症対策は大切で，外出からの帰宅後や食事前のうがい，手洗い等を習慣化し，鼻水，咳，熱等の症状がある場合には安静にし，長引く場合には医療機関を受診するようにします。

6. 腎・尿路形態異常，排泄障害

　ダウン症に尿路生殖器の形態異常の頻度は3.2％といわれており，水腎症，巨大尿管症，嚢胞性異形成腎，低形成腎，膀胱尿管逆流症，後部尿路狭窄，後部尿道弁，停留精巣等があります。

　また，ダウン症の半数近くに下部尿路（膀胱，尿道）機能障害があり，蓄尿と排尿の異常に分けることができます。蓄尿障害には昼間頻尿，夜間頻尿，尿失禁等があり，排尿障害には尿勢低下，尿線分裂，排尿遷延，残尿感等があります。ダウン症は幼少期に頻尿，夜尿症，尿失禁が多いとされています。

　薬物療法や排尿誘導等を各々の症状，検査によって選択されています。

7. 耳鼻科疾患

　ダウン症の50％程度に外耳道狭窄があるため耳垢がたまりやすく，38〜78％に難聴が起こるといわれています。また，滲出性中耳炎による伝音性難聴の合併が多く，ダウン症の滲出性中耳炎は，上気道感染症を繰り返すこと，鼻咽頭が狭い等の形態異常と，耳管機能が悪いことから難治性です。難聴に気づくのが遅くなれば，言語発達に影響するため適切な治療が必要です。滲出性中耳炎の治療には，鼓膜チューブ留置術や補聴器の装用がありますが，一長一短があるため主治医とよく相談します。難聴の早期発見のために，新生児聴力検

査と 6 か月児には聴力評価，以後も毎年聴力の評価を行い，異常所見があれば耳鼻科専門医に精査を依頼します。

　ダウン症の合併症として頻度の高いものに睡眠時無呼吸症候群があります。頻度は一般には 0.7 〜 2.0％であるのに対し，ダウン症では 30 〜 60％と高値で，夜間の大きないびきや睡眠中の無呼吸，昼間は落ち着きのなさ，多動，反抗的・攻撃的な態度がみられることで気づかれますが，4 歳までに睡眠評価をすることが勧められています。原因は下顎の低形成，巨舌ぎみであったり，鼻咽腔が狭い，扁桃肥大やアデノイド肥大，咽頭筋・舌筋群の筋緊張低下，肥満が考えられています。要因が多様であるため，手術で狭くなっている部分を改善しても一般小児ほどの改善がみられないことも念頭に置いておく必要があります。

[文　献]

Lange, B. (2000). The Management of Neoplastic Disorders of Haematopoiesis in Children with Down's Syndrome. *British Journal of Haematology, 110,* 512-524.

水野誠司（2019）．Down 症候群患児の成長と発達 ── 米国小児科学会 Down 症候群医療管理ガイドラインの解説を含めて．特集 Down 症候群の医療管理．小児内科，*51*(6)，783-790.

大川哲平・森尾友宏（2019）．易感染性の管理．特集 Down 症候群の医療管理．小児内科，*51*(6)，828-832.

柴田奈央・長崎啓裕（2019）．甲状腺機能低下症・亢進症．特集 Down 症候群の医療管理．小児内科，*51*(6)，796-800.

Weijerman, M. E. & de Winter, J. P.(2010). Clinical practice. The care of children with Down syndrome. *European Journal of Pediatrics, 169*: 1445-1452.

4章

療育・保育・幼児教育・学校・民間療育・放課後等デイサービスにおける知能を育てる関わり（集団の中での育ち）

堂山亞希

　集団では，適切な環境を整えることによって，社会性，言語，運動，認知等，あらゆる側面の発達が促進されることが期待できます。集団の中では，子ども同士の関わりから，自分もやりたいと意欲が湧いたり，周囲の子のまねをして学んだりするような相互作用が生じやすいものです。このような集団の特性を生かした環境を整えることによって知能を育てる関わりを考えていきましょう。

1. 集団で子どもが体験すること

（1）仲間の中で自己を発揮する

　集団では，仲間との関わりの中で自分の気持ちを相手に伝えたり，相手の気持ちを感じたり，聞いたりする関わりがさまざまな場面であります。関わりの中で，同じ気持ちであれば共感や仲間意識をもち，異なる気持ちがあれば喧嘩や反発することもあるでしょう。そのような関わりから人と同じ自分や違う自分を発見し，その結果，自己イメージが明確になり，仲間の中で自己を表現したり，自分の力を発揮したりすることの喜びを体験し，自信が育まれていきます。また，自分と相手の違いを認識することで，相手を理解したり違いを受け入れたりする態度を身につけることにつながります。

（2）集団の一員としての責任や役割を果たす

集団では明示的・非明示的なルールや決まりがさまざまに存在します。先生の話は静かに聞く，友だちを叩いたり嫌なことを言ったりしてはいけない等の集団や対人関係におけるルールや，鬼ごっこやままごと等の遊びにおけるルール等，決まったルールもあれば，場面や遊びの展開に応じて変動するルールもあります。ルールは，ただ覚えて守ればよいわけではなく，ルールに固執しすぎると集団内で衝突が生じることもあります。集団生活でいざこざやぶつかり合いを経験しながらルールを学び，互いが楽しく過ごすために守らなければいけない，とルールの意義を理解していきます。

また，当番や係活動等の役割を担う経験を通して，役に立つやりがいや感謝される喜び等を感じ，責任感や思いやりが育まれます。さらに，仲間と一緒に何かを作ったり，1つの課題に取り組んだりする経験を通して，集団の一員としての自覚をもち，共通の目的を実現するために考え工夫し，協力するといった協同性が身につきます。

（3）いざこざやぶつかり合いを通じて成長する

集団において，いざこざやぶつかり合いはつきものです。子どもはそれぞれが個性的で多様だからこそ，思いや願い，考え方が異なり，子どもがいきいきと自己を発揮する場ではいざこざも生じやすくなります。いざこざは互いの気持ちを知り，自分の気持ちをことばにして伝える相互のコミュニケーションの機会となり，感情をコントロールしたり，自分は我慢して相手に譲ったりする自己統制能力が身につきます。

2. 子ども集団の作り方と配慮

クラス単位の大きな集団，班や少人数グループの集団，ペア等，いくつかの集団のサイズがあります。また，集団の構成は，同年齢の集団，異年齢の集団，性格や障害特性に配慮した集団等が考えられます。

集団のサイズや構成は固定するのではなく，場面や活動内容に応じて変動させるとよいでしょう。また，小さい集団からスタートし，子どもが参加しやすい集団のサイズや構成を見極めます。最初のうちはクラス単位の大きな集団にはなじみにくい場合も多いので，大きな集団を構成する場合は子どもの生活の拠点として安心できる空間作りを工夫していきます。

さらに，集団では緊張したり不安が高まったりする場合は，おとながまず子どもとの一対一の関係を作り，おとなが安全基地となり子ども同士の関わりの媒介となって集団への参加を促します。

3. 乳幼児期における集団の中での知能の育ち

幼児期における知能は，生活や遊びの中で養われていきます。さまざまなものに実際に触れて感じ，試してみる中で五感を通して多くのことを主体的・体験的に学んでいきます。この主体的・体験的な学びが就学後の机上学習の土台となるのです。

（1）認知発達と遊び

どのような遊びをするかについて，認知発達に伴っていくつかの発達の段階があります。乳児期の遊びは，玩具や身の回りの物を見たり，触ったり，なめたり，音を聞いたりする感覚的な遊びから始まります。成長とともに，触る，叩く，振る等の感覚的で操作的な遊びをするようになり，さらに出し入れ，開け閉め，落とす等の意図的な操作を繰り返し行う遊びへと発展していきます。

その後，空のコップから飲むふりをする，人形にご飯を食べさせるふりをするといったふり遊び（象徴遊び）をするようになります。このふり遊びは，子どもが他者を観察して学んだことをまねて再現することで，表象（イメージ）の世界を紡いでいく場でもあり，発達心理学において非常に重視されています。

　ふり遊びには「物の見立て」（例：玩具の箸で食べる→小枝を箸に見立てて食べる），「遊びの対象者」（例：自分でコップから飲むふり→人形に飲ませるふり，母親にコップを持たせて飲むふりをするように要求する），「遊びの文脈」（スプーンで食べるふり→食べ物を皿に入れてスプーンですくって食べるふり）の3つの発達があるとされています。ダウン症児のふり遊びの発達に関する研究では，ダウン症児は定型発達児と同様の発達年齢に従ってふり遊びがみられることが示されています（細川・池田，1988）。

　このふり遊びができることには，認知発達だけでなく，ことばや社会性，コミュニケーション等の発達が関わっているとされています。また，ふり遊びはおとなの働きかけによって促進されることが明らかになっているため，おとなが見立ての手本を見せたり，話しかけによって遊びを展開させたりする関わり

をもつことが重要です。さらに，日常生活での体験を充実させること，ままごとやお店屋さんごっこ等，日常生活での経験を遊びに再現させること，玩具や場を整えること等の工夫によってふり遊びを充実させ，遊びを通して子どもの体験やイメージの世界を豊かにしていけるといいでしょう。

（2）遊びの発達と人との関わり

　乳幼児期の子どもは，親子等の一対一の関係で遊ぶ段階から，次第に子ども同士で遊べるようになっていきます。2歳から3歳頃は，「ひとり遊び」や「平行遊び」が多くみられます。「平行遊び」とは，数名の子どもたちが近くで同じような遊びをしているものの，子ども同士の交流はほとんどなく各自が思い

思いに遊んでいる状態のことです。

　3歳から4歳頃になると，友だちを求める気持ちが次第に強くなり，玩具を貸し借りしたり，ふり遊びのイメージを共有したりする様子がみられるようになります。この時期はまだことばで気持ちを伝える力が未熟なため，玩具の取り合い等の喧嘩が頻繁にみられる時期でもあります。つい友だちを叩いたり，かみついたりすることも少なくありません。

　5歳頃になると，2～3人の子どもが1つの玩具を共有して遊ぶことができるようになります。おとなの援助があれば，かくれんぼや鬼ごっこ等のルールのある遊びを楽しむことができるようになります。

　上に記した遊びの発達は，平均的な年齢を示したものであり，発達の個人差や性格等による遊び方の好みの違いもあるでしょう。したがって，ひとり遊びばかりしている，友だちの様子を見てばかりでなかなか集団に入らない等の様子がみられる場合も，無理に入れることはせずに，「この子の今の発達段階ではその遊びが必要なのだ」と気長に見守る姿勢が大切です。

4. 学齢期における集団の中での知能の育ち

　学校に入学すると国語や算数等の教科の学習が始まります。学習の内容や方法，ペースはそれぞれの子どもに応じた学びが必要ですが，集団での学習活動では仲間との協力や競争，アイデアや成果物の共有や比較等の機会を作ることによって学習効果を高めることが期待されます。

　授業やプログラムの構成として，集団活動で体験的な学びの機会を作った後に個別のプリント学習を行う構成，反対に個別の学習を行った後に集団での発表や振り返りの時間を設定する構成によって，個別と集団の両方の学習効果を高め，メタ認知を育てることにつながります。

　集団での体験的な学びの例としては，算数ではゲームを行って得点を比べる活動を通して数概念や多少の比較概念を学んだり，ペットボトルに入れた色水をさまざまな容器に移し替えて分量や“かさ”を学んだりする活動の工夫が考

えられます。また，国語の学習では読み聞かせを楽しんだり，物語を演じたりして仲間と感情を共有して話の理解を促進する工夫が考えられます。

　発表や振り返りでは，仲間と考えや作った物を共有する活動を通して，考えをことばにして伝える力だけでなく，Aさんの考えとBさんの考えを比べてどちらがよいか考えたり，それぞれのよい点を見つけたり，それを組み合わせて折衷案を編み出したりするような思考を行う練習となります。このように考える機会は，自分中心ではない客観的な視点を獲得させ，メタ認知の発達につながります。

5. ダウン症の特性に配慮した集団活動

(1) 強みを生かす関わり

　ダウン症のある子の性格特性として，「人懐こい」「愛想がいい」「社交的」「陽気」「模倣力に富んだ」等のいくつかの共通した特徴があります。これらの性格特性は，仲間との協力や競争，発表等の集団活動への積極的な参加に結びつくでしょう。また，人前に立つことを好み，リーダー等の役割を担うことを楽しむ子が多いので，役割を任せて意欲を高める等の工夫も考えられます。

(2) 自己制御と行動

　児童期から青年期において，ダウン症児は抗議や拒否等を明確に示す傾向があり（小島・池田，2000），かんしゃくのように泣いたり怒ったりする様子や頑として動かない様子等がみられる場合があります。このような様子は，気持ちをことばでうまく表現できない，おとなの言うことは理解できているけれど心ではなかなか受け入れられない等，その子自身も心の中で葛藤していることが多いです。また，不安や自信のなさの表れである場合もあります。そのため，突き放したり無理にやらせたりするのではなく，気持ちをことばにしたり，気

持ちが落ち着くまで時間を置いたりすることが必要です。また，ルールに従う
ことに長けている子も多いので，ルールを明確に提示することで勘違いや思い
込み等を減らすようにするといいでしょう。

（3）視覚や聴覚の弱さに配慮する

　集団の場合は，個別指導とは異なり，おとなと子どもの距離や見せたい対象
物と子どもとの距離が離れることが多くなります。ダウン症のある子どもは，
視力や聴力の弱さのある子が多いため，視覚・聴覚からの情報が本人に確かに
届くよう配慮する必要があります。

　本人の視力・聴力に応じて座る位置を調整すること，玩具や教材は大きく
はっきりとしたものを用意すること，イラストでは理解しにくい場合は実物を
用意すること，ことばかけや指示は短く簡潔なことばで，言い回しをなるべく
変えないようにすること等を意識するといいでしょう。

　また，追随注視の弱さがある子どもも少なくないため，見せたいものを明確
に示し，視点の切り替えが確実にできるように配慮する必要があります。

[文　献]

細川かおり・池田由紀江（1988）．ダウン症幼児の象徴遊びの発達に関する一考察．心身障害学研究, *13*(1), 1-7.

小島道生・池田由紀江（2000）．ダウン症者の自己制御機能に関する研究．特殊教育学研究, *37*(4), 37-48.

5章

インクルーシブ保育・教育における認知機能の支援（合理的配慮）

京林由季子

1. 幼児期における遊びを通した総合的な学び

　幼稚園や保育所，こども園における保育では，幼児期の子どもにふさわしい体験が得られるような豊かな環境を用意し，遊びを通した総合的指導を行うことを基本としています（文部科学省，2017a；厚生労働省，2017；内閣府，2017）。保育の場は，粘土や積み木，絵本，砂場，先生や友だち等，子どもの興味・関心を引き出す物や人，自然等，豊かな刺激にあふれています。そのような環境の中で，知識・技能の基礎となる，感じたり，気づいたり，できるようになることや，表現力の基礎となる，考えたり，工夫したり，表現したりすること等の学びが育まれることを大切にしています。保育者は，子どもの認知発達の面からも1人1人の子どもの意欲や興味・関心をていねいに観察し，何をしているのか，何を必要としているのかを捉え，その子どもに合った声かけや関わりを大切にしています。それはダウン症のある子どもに対しても同様で，できる部分を見守りつつ支援をしていくという保育者の姿勢に変わりはありません。

　しかしながら，インクルーシブ保育の場面では，ダウン症に伴う認知や行動特性，合併症等に配慮した柔軟な対応も求められる場面があります。ここでは，

クラス全体に向けて行われる支援とダウン症のある子ども本人に対して行われる支援の2つの面からみていきます。

2. クラス全体に向けて行われる支援

（1）視覚的な手がかりを用いる

日課や活動の順番，作業手順，ゲームのルール等を視覚化してクラス全体に分かりやすく提示し，活動の見通しをもてるようにします。絵や写真，数字，ジェスチャー等の視覚的な手がかりを用いる支援は，すでに多くの園や学校で取り入れられているものですが，ダウン症のある子どもが在籍するクラスにとっても有用です。

（2）自分の意思を伝えられるようにする

遊びに必要な物や遊びたい場所，遊びたいことの順番等，どの子どもも自分の意思を伝えられるよう，保育者が支援します。たとえば，フルーツバスケットのゲームを行う場合，基本的ルールを先に提示して行いますが，回数や時間を保育者が一方的に決めるのではなく，回数の選択肢を示して，ことばだけでなく指さしや身振り等，さまざまな方法でどの子どもも自分の意思を伝えられるように支援します。

（3）周囲の子どもたちの理解を促す

周囲の子どもたちの中には，ダウン症のある子どもや配慮が必要な子どもについて，「どうして○○ちゃんだけ？」といった不満を感じる場合や，できることまで手助けしてしまう場合があります。苦手なことがあることを理解してもらい，「こうするとできるんだよ」と保育者が関わり方の手本を示したり，「時間がかかるけど○○ちゃんは～しようとがんばっているの」のように，がんばりを見守ってほしいと周囲の子どもたちに伝えたりすることが大切です。

3. ダウン症のある子どもへの認知機能の支援

（1）発達に合わせた課題

　ダウン症のある子どもの発達はゆっくり進むことが多いため，認知機能の支援に関しても子どもの発達に合わせた課題を日々の生活や遊びの中で繰り返し練習していくことが大切です。遊びや生活の中で，本人が「できそう」「やってみたい」と思えるようにスモールステップを組み，「○○ができた」という経験を重ねることが本人の自信につながっていきます。たとえば，数量の概念の理解は苦手でも，当番活動が好きな子どもの場合は，おやつ当番の時に1枚の皿に1個ずつお菓子を配ることで，1対1対応の練習になります。ボール遊びが好きな子どもには，大きいボールと小さいボールを混ぜて遊び「大きいボールを投げて」等の保育者の要求に応じたり，自分からボールを選択したりすることで大小の概念を練習します。

（2）「できるための工夫」を施す

　身辺自立や遊び等，友だちをまねてやろうとしますが，前後左右が混乱する，手先の不器用さがある等のために，うまくできず癇癪を起こしてしまう子どももいます。少し苦手なことに取り組む際には，事前に「できるための工夫」を施しておくとよいでしょう。たとえば，図5-1のA-1は，上履きの左右の間違いを防ぐために，左右を間違えて履くとイラストが完成しないようにしています。しかし，年長や小学生になった場合には発達や年齢に合った工夫に変えていくことも大切で，A-2では，上履きの左右の形

A-1 上履き・イラスト　A-2 上履き・ライン　B スモック

図 5-1

の違いを見分ける手がかりとしてラインを描いています。見分ける力がつけば，やがてこのラインも必要なくなるでしょう。Bは，スモックの後側に2か所ボタンをつけ，着る時に手で持つ場所の手がかりとしています。こちらも，やがてボタンを1つにする，タグを手がかりとする等で前後を間違えずに着ることができるよう練習していきます。

（3）言語機能や運動機能を組み合わせる

　子どもの発達は，認知領域のみが単独で発達するわけではなく，言語や運動等の諸機能が連関しながら発達します。たとえば，積み木を積もうとしていても，積み木を離すところが難しく苦戦している子どもには，積み木を離す時に「ぱっ」等の動作に応じたことばを添えるとよいでしょう。また，着替えの場面でも，スモックをたたむ動作に「みぎ，ひだり，はんぶん」とリズミカルにことばを組み合わせる，砂場で跳躍遊びをしている子どもに「遠くまで跳ぶ」「半分だけ跳ぶ」等の声かけをすることで協応動作を高めます。

（4）半具体物を活用する

　「鬼のお面を製作する」「収穫したさつま芋の大きさを比べる」「どんぐりの数をかぞえる」等，保育の中で子どもは具体的な経験を積み重ねます。しかし，ダウン症のある子どもの場合は習得した知識やスキルが偏っていたり，断片的

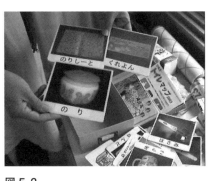

図 5-2

だったりすることが多いため，具体的経験から形や数量，属性等の抽象的な概念を体系的に獲得することは簡単ではありません。そのため，具体的経験から抽象的概念の間に写真やイラスト，教具等の半具体物を活用することでその段差を埋めることができます。図5-2は，製作に必要な道具を写真カードにしたものです。製作の時間に棚か

ら糊を取ってくる際に、「糊を
1個取ります」と言って、糊の
写真カードの上に糊の実物を置
くようにすれば1対1対応を理
解し身につけることができます。
そこから、実物と数詞を1個ず
つ対応させながら「1個の糊，

 ⇔ ⇔

実物 ⇔ 半具体物 ⇔ 抽象
（写真・イラスト）（文字）

図 5-3

2個の糊，3個の糊」と増やしていけば、数量の理解につなげる準備になると
ともに、「貼る時に使う道具」「塗る時に使う道具」といった用途の分類につな
げる準備にもなります。また、保護者が写真カードを使って指示する場所を棚
のそばではなく、少し離れた場所で「糊を1個取ってきてください」と指示す
ることで、注意・記憶の練習にもなります。

　なお、写真やイラスト等の半具体物は実物を視覚的に示しているものですが、
実物そのものではありません。子どもに半具体物から概念を学習させる場合、
実物の概念とは結びついていないことも多くみられます。たとえば、ロボット
で遊んだことのない子どもに、絵図版を見て「ロボット」ということばを覚え
させたとしても、ロボットがどのようなものか意味理解を伴わないものとなっ
てしまいます。実物から抽象へという学習過程において半具体物の活用は有用
な場合も多いですが、抽象や半具体物から実物へという学習過程も概念の確認
と強化という点で重要です（図5-3）。

4. 保護者との連携，保育者間の連携

　保護者との連携については、保護者が子育てのどのようなことに不安を感じ
ているのか、合理的配慮を希望するかどうか等を確認しておくことが必要で
しょう。また、その子どもだけに特別な配慮を行おうとする場合には、事前に
保護者と相談し確認することで誤解が生じることを防ぐことができます。身辺
自立等、家庭と園で支援方法が異なると子どもが混乱することが考えられる場

合には，保護者の家庭状況を鑑みて保護者の負担とならない範囲で支援内容や方法を共有します。

　保育者間の連携についても，子どもへの関わり方がそれぞれの保育者で異なった対応にならないよう情報共有を行うことで，子どもの日々の変化や日々の成長に応じた関わりが可能になってきます。

[文　献]

厚生労働省（2017）．保育所保育指針（平成 29 年告示）．

文部科学省（2012）．共生社会の形成に向けたインクルーシブ教育システム構築のための特別支援教育の推進（報告）．

文部科学省（2017a）．幼稚園教育要領（平成 29 年告示）．

文部科学省（2017b）．小学校学習指導要領（平成 29 年告示）解説生活編．

内閣府（2017）．幼保連携型認定こども園教育・保育要領（平成 29 年告示）．

6^章

知能を育てる
家族のあり方・接し方

菅野和恵

1. 知能を育てること，意欲を育むこと

　知的機能の発達には，脳の働きの 3 段階が参考になります。図 6-1 に示したように，脳は，「からだの脳」「こころの脳」「ことば・考える脳」というように 3 つの部分が積み上げられるような構造になっていると捉えられます（中川，1998）。思考や言語を直接つかさどるのは，脳の中の大脳皮質ですが，大脳皮質が順調に働くには，下部にある脳幹や大脳辺縁系の働きが整っていることが，必須の条件です。「からだの脳」の脳幹は，体を十分に動かすことや睡眠をたっぷりととること，生活リズムを整えることです。「こころの脳」の大脳辺縁系は，やる気・意欲，快・不快といった情動に関わり，楽しい，面白い，好き，安心するといった状況において記憶が定着すると考えられています。からだの脳とこころの脳が土台となり，考えることやことばを使う力が磨かれていきます。からだづくりとこころ育ては，子どもの知的発達を考える上で欠かせないエッセンスです。

　松本（1994）は，「脳は意欲で働く。意欲がないと脳の知的情報処理は働かず，学習の効率も落ちて脳内回路の形成も促進されない。意欲は情に支えられ

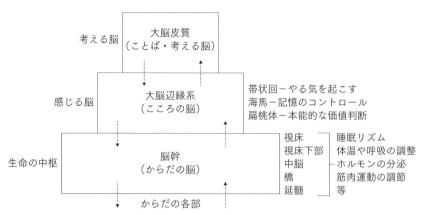

図 6-1　脳の３段階のはたらき（中川，1998 を一部改変して作成）

る。すなわち情が受けいれられて初めて知が働き，脳が育つと言える」とし，「情動情報が"快"（ポジティブ）のとき，脳は活性化され脳の機能構築も促進されて育つ。これに対し，情動情報が"不快"（ネガティブ）のとき，脳は不活性となり育たない」と述べています。子どもにとって，自分の欲求を分かってくれる人が傍らにいて，欲求が満たされ支持されることが，気持ちの安定につながります。そのことが，やる気や意欲，記憶と学習の基礎を整えるのです。

　家族は，子どものからだの動きに表現されるようなこころの動きを読み取り，「こうしなさい」ではなく，「これでいい？」という子どもの気持ちを大事にした接し方を心がけます。また，遊びは体と心の栄養です。子どもと楽しい時間をたっぷり共有します。楽しいという情動が脳の働きを促すのです。

2. 障害像を分析的に捉え，子どもが見ている世界に接近する

　新しく覚えることや何かをできるようになるといった学習には，記憶の働きが必要となります。記憶は，自分が経験したことを保持して，何らかのかたちでそれを再現する働きを指します。記憶を分類するには，何を基準に分類するかでさまざまな分類法が考えられますが，図 6-2 のように時間（短期記憶・長

期記憶）や意識的な想起（顕在記憶・潜在記憶）に基づいた整理（太田，2008）が分かりやすいと思います。

　図6-2に従ってダウン症のある方の記憶を捉えると，短期記憶に保持できる情報の量が少ないことが認められています。そもそも短期記憶の多くは忘却されますが，一部は長期記憶に転送され，自分自身と関係づけた意味づけや，他の記憶との関係づけが行われることにより長期記憶に残ります。ダウン症のある方は，短期記憶に貯蔵できる量が少なく他の記憶との関連づけが難しいゆえ，学んだ内容が長期的に保持されにくく学習が進みにくいと考えられています。

　日常的には，短期記憶が保持されている間に，見比べたり判断したりするといった認知的な作業が行われています。そのことから，短期記憶は，ワーキングメモリ（作業記憶）とも呼ばれます。たし算のように，ある数字を覚えておきながら別の数字を足すという作業をする時に，ワーキングメモリが働いています。ダウン症のある方は，記憶の保持だけでなく，別の作業を同時に行うことも難しく，ワーキングメモリに制約があることも指摘されています。

　このように記憶については制約の多さが取り上げられやすいですが，知的機能の発達を促すヒントとなる特徴も明らかになっています。1つ目は，情報を

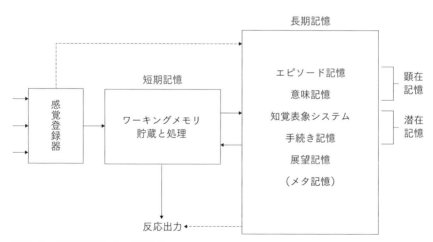

図6-2　各種記憶とその関係（太田，2008を一部改変して作成）

短時間保持する上で，聴覚言語情報よりも視覚情報の方が保持されやすい点です（菅野・池田，2002）。2つ目は，手続き記憶の特性についてです。手続き記憶は，図 6-2 にあるように長期記憶の1つであり，ある一定の情報処理そのものの記憶で，意識の想起を伴わないものです。自転車の乗り方やダンスの振り付けといった身体動作に関わる行動レベル，単語の読みといった認知的レベルがあります。手続き記憶は，いったん形成されると長時間保持され，自動的に機能（自動化）します。記憶の中でも，最も早く成熟しかつ頑健です。ダウン症のある方の手続き記憶も，長時間保持されるということが分かってきています。

このような記憶の仕組みを知ったり，特徴を把握したりすることは，実際に何を子どもとともに行えばよいのかを考える手立てになります。ダウン症のある方の学習においては，視覚情報を添える方が定着しやすそうだと考えることや，学習の定着には時間がかかるが自動化すれば学習で積み重ねたことや獲得された行動は失われにくいと捉えることができます。また，デジタル機器を活用し，記憶に頼りきりにならずに済む方法を考えることもできます。

障害像を分析的に見つめながら，目の前の子どもに関わることにより，ありのままの現実に即したわが子像を理解することができます。そうした取り組みが，子どもが見ている世界に接近し，知的機能の発達を支える関わりを生み出します。

3. 楽しみながら繰り返す

学習の定着には，反復が必要になりますが，同じことを何度も行うと飽きてしまいます。また，集中力が続きませんし，退屈してしまいます。やる気をもって主体的に学習を続けるためには，楽しく学習を継続することが大切です。

学ぶ事柄について，子どもの楽しさが続くようにいろいろな角度からアプローチすることが有効です。家族は，試行錯誤や教え続ける忍耐が必要になります。しかし，学ぶことへのサポートは，子どもの成長を感じ取ることができ

る豊かな時間となるはずです。

　楽しさを継続する学習方法を考える上で，多感覚を用いた学習法がヒントとなります。多感覚は，学習障害（LD）のある子どもの英語指導が注目されていますが，人間のもついろいろな感覚を複数使って学ぶ方法であり，学習法のレパートリーを広げるヒントとなります。表 6-1 に示したように，視覚，聴覚，触覚，運動感覚があり，参考となるアイデアがいくつもあります。ある事柄を学ぶ際に，話を聞くことに加えて，具体的に分かる写真やイラストを見たり，色を塗ったりハサミを使ってカードを作ってみる等，いろいろな手段や方法があります。楽しさが持続するような学習の積み重ねが，翌日の学習への意欲となりますし，記憶や学習の定着の支えとなります。

4. 社会に向き合い文化に触れる

　家族は，子どもが，社会の中で起こっているさまざまな事柄に向き合い，直接的に体験する機会を多く設けてほしいと思います。子どもは，新しい時代を生きる存在であり，現代社会の構成員の 1 人として社会に関わりながら生きていきます。知的障害のある子どもの学校教育では，学年が進むにつれて，職業や就労に向けた学習時間が増えていきますが，社会の状況を学んだり文化に触れたりする時間を大切にしてほしいと考えています。

　具体的には，政治や経済，法律等，自分たちの生きている社会の仕組みや，

表 6-1　多感覚を用いた学習法

感覚	教材や活動
視覚	文字，イラスト，カード，動画，色，形，グラフ，図，表
聴覚	歌，音楽，ことば遊び（だじゃれ等），音声ソフト，音読，ディクテーション
触覚	粘土，パズル，ブロック，指でなぞる，ハサミで切る，書く，並べる，組み合せる
運動	ダンス，ジェスチャー，拍手，リズムをとる，ポーズをとる

自然や地理，歴史，健康に関すること等を学習することが挙げられます。最近では，誰にとっても分かりやすいことばでニュースを解説するウェブサイトやアプリ（たとえば，スローコミュニケーション）[*1]が作られたり，法律を分かりやすく解説した本（又村，2018）が出版されています。知的障害のある人にとって必要な情報を，分かりやすくかみくだいた表現で提示し，情報を届けることに意識が向けられるようになりました。そうしたサイトを活用したり，本人が分かることばやイラストを添えたりして，学びを深められるよう働きかけてください。

　また，音楽を聴いたり，博物館や美術館に行ったり，映画を見たりすることを通して，同時代の文化に触れる機会をつくっていくことも重要です。

　興味をもち楽しめることがあることは，人生を豊かにします。特に青年期以降においては，働く時間と楽しい余暇時間が生活の両輪となって，毎日に彩りを与え達成感や充実感をもたらします。社会の状況に目を向け文化に触れて学ぶ時間を大切にすることが，子どもの将来のチャレンジを後押しします。

5. 好きなことを追求し続ける

　子どもは自分の好きなことや興味のあることには，自ら取り組み，没頭し，力を磨き上げていきます。ダウン症のある人は，絵を描いたり，色を組み合わせたり，詩を書いたりすることが得意な人が多いようです。あふれんばかりの創造性を発揮し，とことんこだわって取り組んでいる姿を見ることは珍しくありません。好きなことや興味のあることは，おのずと上手になり，得意になっていきます。得意なことがあると，自信をもつことにつながり，新たなチャレンジを生み出します。家族は，好きなことに没頭することを否定せず，追求し続けることを応援してください。

＊1　一般社団法人スローコミュニケーションのウェブサイト「スローコミュニケーション─わかりやすい文章 わかちあう文化」。https://slow-communication.jp

6. おわりにかえて ── 心を表現する場や機会を大切にする

　28歳のＡさんは，毎日続けていることがあります。自室で夜10時頃から，机に向かい日記を書くことです。1日2ページほど使い，じっくりと時間をかけて，1文字1文字をていねいにしたためます。翌日の仕事に差し支えるからと，早めに就寝するように家族に声をかけられることもありますが，時には書くことに没頭して，深夜0時をまわることもあります。Ａさんにお聞きすると，中学生の頃から日記を書き始め，今まで，震災の日と入院した日以外は，毎日書いているそうです。日記を書くきっかけは明確ではなく，いつの間にか書き始めていて，自分から続けて取り組んでいるそうです。

　Ａさんは，言語表現が得意ではないようですが，文字に自分の気持ちを込めて，考えを伝えようとします。Ａさんにとって，夜に時間をかけて日記を書くことは，自分と向き合い，自分を表現する大切な時間です。

　知能を育てることにおいて，心を表現する場や機会を大切にすることは欠かせないものであるといえるでしょう。

[文　献]

菅野和恵・池田由紀江（2002）．ダウン症児の言語情報と視空間情報の短期記憶．特殊教育学研究 *39*(4), 57-63.

又村あおい（2018）．あたらしいほうりつの本　2018年改訂版．全国手をつなぐ育成会連合会

松本　元（1994）．脳と心とコンピュータ ── 愛は脳を活性化し育てる．松本元・大津展之（共編）脳とコンピュータ5　脳・神経系が行う情報処理とそのモデル．培風館

中川信子（1998）．健診とことばの相談 ── 1歳6か月児健診と3歳児健診を中心に．ぶどう社

太田信夫（2008）．記憶の心理学．放送大学教育振興会

7章

子育ての経験から
「障害のある子どもを社会の中で育てる」
——私たちの子育て（妻の記憶から）

赤石武志

1. 出産そして告知

　妻が24歳の時に予定日よりひと月早く，2月の末に長女を出産しました。娘が生後2か月半の時に県立小児医療センターを受診し，当時の院長先生から「ダウン症」と告知され，「ダウン症」について説明を受け，「親の会[*1]の情報を地域の保健師に聞いてみるように」と言われました。妻は帰宅しすぐに市の保健師さんに連絡すると，その日のうちに訪問してくれましたが，その当時は残念なことに親の会はなく，相談できるところはありませんでした。唯一，赤ちゃんにしてやれることとして教えてもらったのは手足の屈伸運動でした。

2. 障害のある子どもの親になるということ

　その夜，これからのことを夫婦で話し合いました。「発達はゆっくりだけど手をかければ必ず育つ」という院長先生のことばを信じて，「期待はしないけど希望をもって育てよう。本人に辛いことがあるかもしれないけど，それ以上

＊1　全国各地にある，ダウン症のある子どもをもつ親・家族の会のこと。公益財団法人日本ダウン症協会のウェブサイト（https://www.jdss.or.jp/about/04.html）で調べることができる。

に喜びを感じられる子にしよう」という私たちの目標となりました。妻は必ず発達すると信じ，おむつを替えるたび手足の屈伸運動をしました。母の顔をしっかり見て，笑顔で応えてくれる子どもにしたいと思いました。「障害」ということばに，娘が寝ている時は涙がこぼれる日もありましたが，娘が目を覚ますとすぐに笑顔になれて愛おしくなっていきました。それでも不安が募ると保健師さんに電話をしました。先が見通せない子育てへの不安が，娘の様子を話すと前向きになれたのです。保健師さんは唯一，社会とつながる大切な存在でした。

3. 早期療育との出合い

娘が7か月の時，早期療育（東京・高田馬場で開催されていた一般財団法人子供の城協会によるワシントン大学法早期療育）があることを知りました。療育を受けに上京すると，ダウン症の赤ちゃんから幼児までの子とその親がマンツーマンで指導を受けていました。その様子を見て「きっと手をかけて育てれば必ず発達する」と確信し，月2回通い，学んだ赤ちゃんマッサージ等を家で毎日しました。軍手がボロボロになるまで，柔らかい筋肉をマッサージすることで，外側からしっかり動かし筋肉をつけていきました。妻はこの時，親としてやってあげられる喜びをとても強く感じていました。

4. 合併症と体の弱さ

娘が4か月の時に心疾患があると分かりました。小児医療センター医師から「体重が少ないので手術はできない」と言われて，知的障害に加えて心疾患と診断され，気の重い不安な毎日を送るようになりました。しばらくして療育に来ていた先輩のお母さんに，ダウン症児でも健常の子と同様に手術する病院があると教えてもらいました。紹介状がなくても受診できると聞き，翌週には上京しました。その時に先生から「この子の発達のためにも手術をした方がよい

生後9か月

ですよ」と言われ，このことばがとても心に残りました。先生が未来のある子たちと思ってくれていることは「社会の中で育てていこう」という私たちの思いを力強くしてくれました。娘が11か月の時に7時間かけた外科手術を受けました。手術後は，マッサージでつけた筋肉がすべて落ちてしまいましたが，呼吸がとても楽そうで顔色も体中の血行もよくなり，手術を受けてよかったと思いました。気持ちも新たにマッサージを再開して，手術前の筋肉が戻った頃には軍手を7枚もダメにしました。

5. 動くことが楽しいと思える子にするために

退院して2か月間の外出禁止中，家で自分から動くことが楽しめる子になるよう，子ども部屋を工夫しました。たとえば，床に座っていても少しがんばって手を伸ばせば届く位置に，触りたくなるような原色の風船をいくつも吊るし，子どもの等身大のぬいぐるみや興味を引く物を置きました。毎日「あうあう」と子どもの声を聞けば「は～い」と答え，少しの声にも反応して母の存在を感じられるようにしました。1歳半の時には「タ～タ～ン」と名前を呼ぶと（「珠実」なので家族はそう呼んでいました），振り向き微笑み返すようになりました。春に外出の許可が出ると親子で活発に行動するようになっていきました。休日は動物園や公園等に行き，他の家族と同じように娘と喜びを感じ合える遊びをしました。さまざまな所に出かけ，いろいろな物を見て，楽しくご飯を食べる経験をしました。2歳の頃には「おいしいね～」と言うと「ね～」と答えるようになりました。やがて，娘が声を出し母が返事をするというやりとりが，娘から母の反応を求めるものに変わりました。たとえば，犬を見つけると，「まま」「なあに」「わんわん」というやりとりです。2歳半の頃でした。

6. 保育園生活〜子どもの力を発揮させる場として〜

　2歳9か月の頃，同じ年頃の子が遊ぶのを，じいーっと見てまねをするようになりました。たとえば，砂場で穴を掘り始めると娘もまねして掘りました。この時，親だけでできることの限界を感じ，親の関わりだけでは成長できないと思い，保育園に途中入園をすることにしました。体験保育を経て2歳10か月の時に，希望した保育園の1つ下の組に入りました。

　娘は3歳になり「みてて〜」の声かけで目で追うことができるようになりました。遊びの中でいろいろな物を見せ，触らせ，直接感じさせ，物には名前があることを教えました。やがて，できるようになったのが「まねっこ遊び」です。

　4歳になる年も1つ下の組です。その組の友だちとは対等に動き遊ぶことができました。家遊びでは，かくれんぼをしました。隠れる方も見つける方もでき，鬼の時は「あれ〜，おかしいな〜」と言いながら探していました。

　5歳の時は同年齢の子がいる年中の組です。家でスピード感を楽しむ手遊びを繰り返しました。また，障害物競走のように座卓をくぐり，重ねた座布団を登り降りして，隣の部屋の壁にタッチして戻るという遊びや，押入れの上段から飛び降りたりして，体を使う遊びやアスレチック遊びもできるようになりました。こうした家庭での遊びが身について，保育園では滑り台も2，3人連なって子ども同士で滑り，ブランコも1人でこげるようになりました。この頃，自分のことを「あたし」と言うようになりました。

　6歳の時は年長の組に入りました。年長組には本人を含めて3人の障害のある子がいて，1人の補助の先生がつき，1年間を過ごしました。家遊びで勝ち負けが分かり，ジャンケンもきちんとできていたので，いろいろな手遊びができるようになり，「あっちむいてホイ」等を喜んでやっていました。ことば遊びを楽しみ，夏には文字カルタや絵描き歌ができました。日本や世界の名作絵本等をたくさん読み聞かせました。そして秋，就学前健診を健常の子らと同じ

ように6年生の付き添いで受けてくることができました。ひらがなの読み書きができ，数は50まで言え「10ちょうだい」と言われて10個渡すことができて，製作では針と糸を使い直線が縫えていました。珠実は普通学級の判定をされ，小学校生活をスタートしました。

7. 小学校生活〜地域の中で育つ〜

　いろいろな出来事が育ちの力になった小学校生活の始まりです。学校生活や社会生活にはルールがあることを6年間かけて学びました。入学して1か月は母親と一緒に，以後は自力で徒歩通学しました。低学年時は，良好な友だち関係を築くため，学校以外の仲間との関わりが必要と思い，体操教室に通いました。また，学校の物を家に持って来たときは注意して，持ち帰らないようになるのに1か月かかり，下校途中にスーパーのお菓子を持ち帰った時は，一緒に謝りに行き，2度目の時にお金を払わないと持ち帰れないことを理解しました。高学年時は特殊学級（現在の特別支援学級）に在籍していましたが，音楽科や家庭科は親学級に通級しました。移動の途中に先生と話し込んだり，ポスターに見入ってしまったりすることがあり，特殊学級の先生の提案で，本人を見か

小学校1年生

けた先生は，これから何の授業なのか本人に聞くようにして，行動を意識させることになり，以後はスムーズな移動ができるようになりました。

　小学6年になり，体の変化が始まりました。親学級と特殊学級の保健授業で生理について学び，その後学校で初めて生理になり「先生，生理になった」と担任に伝え保健室で下着を貸してもらい帰宅しました。

　3学期になり，家から少し離れた中学校の特殊学級の見学に行きました。地元の中学校には特殊学級がなかったため，電車で通学することになり

ました。

8. 中学校生活

　電車通学の初日に一緒に通学することになっていた先輩に忘れられ，結果的に1人で登校し，以後3年間自力通学しました。部活で疲れて電車に乗り遅れることや，朝は一度だけ乗り遅れて徒歩で登校したこともありました。また，入学して間もなく先生に，「バイバイ」と手を振って帰ろうとした時に「"さよなら"と言って帰るんだよ」と教えてもらい，友だちとの違いを学びました。この後，目上の人に対し自ら敬語を使うようになりました。

　部活動は体操部で練習が年間360日くらいありましたが，先生が厳しく指導してくださり，3年間無事に続けられました。引退後は，ガールスカウトに入隊し，体操教室も再開しました。親が関与しない活動に参加することは，社会性を伸ばすことにつながりました。中学3年の秋に高校進学に備え，県立2校を見学し，自ら受験校を決めました。

9. 太田高等養護学校生活

　入学直後，同学年の女子とつかみ合いの喧嘩をして帰ってきました。高校生になって対等になれる友だちと出会い，ともに主張し合うことのできる環境ができたと感じました。高校生活では，その子と一番の仲良しになりました。

　こんなこともありました。体操教室で，二重飛びや逆上がりができた時に，「一生懸命がんばった<u>甲斐</u>があったね」と言うと「それは"会議"の<u>会</u>なの？」と聞いてきました。ことばの意味が分からないまま生活していることに気づきました。

　18歳3月，高等養護学校を卒業し，12年間の学校生活を終了しました。

10. そして今〜珠実らしく〜

現在

　物事を理解し，行動するために，自分以外の人の考えやことばの意味を理解することが必要でした。たとえば，就寝する頃にメールを送ってくる友人があり，「夜のメールはやめてと言うと"わかったよ"と答えるのに，またしてくる。どうして分かってくれないの？」と聞いてきました。妻は，その友人は「これからもずっとやめる」と理解していないことを伝えました。

　現在の珠実は，家族の1人としての役割に自信をもって生活しています。たとえば，朝は家事を終わらせ，遅刻しないようにB型事業所の送迎車が来る所まで行きます。家事の1つである洗濯は，天気予報を見て自分で判断して晴れなら外に，雨なら家の中に干しています。ダウン症に加え合併症があっても，生まれて6歳までの成長期に，健常児と同じように親や周囲の大人が積極的に関わることでもっている能力をフルに使い，小学生以後の生きる力を身につける土台を築くことができたのです。

　あれから35年の月日が経ち，今でも珠実に生きるために必要なことを親として伝える日常が続いています。そして，ここまで成長できたのは親の関わりだけではなく，多くの方との出会いが，珠実と親である私たちに知恵を与えてくれたおかげと感謝しています。これからも，私たちは珠実を育てることで得てきた経験と知識を，これからのダウン症児者と親御さんのために伝えていきたいと思っています。

8^章

知能の育ちを把握するための
アセスメント票

橋本創一

1. アセスメント票の使い方

　ダウン症のある子どもの知能の発達には個人差が大きく認められます。また，これまでの研究でいわれているのが，ダウン症のある子どもは知覚運動・空間認知の力に優れていて，活動の際に積極的に棒通しや紐通し等の物の操作や，黙々とパズル・積み木等に取り組むのが得意であるとされてきました。一方で，聴覚的に記憶する（その場でことばのみで提示されたことを覚える）ことや算数が苦手な子どもが多いとされてきました。しかし，近年では，子ども１人１人の短所・長所を踏まえた上で，個人にあった学習方略やヒントを与えたり，達成感を味わえるような活動等を提供することで，さまざまな知能の領域が伸長することも分かってきています。興味・関心を育てながら，その子ども個人の能力の発達状況にあった活動や経験を提供することがポイントであると考えます。

　ダウン症のある子どもの知能の発達は，標準的な知能の発達と比較すると，おおむね，健康な子どもと同じ道筋をたどることが多いとされています。しかし，中にはその順序を飛び越して獲得したり，次に期待される知能の発達に到

達するまでに時間がかかったりする子どもも少なくありません。親や担当する先生等のおとなは，あわてずに，何が獲得されていて，どのようなことが難しいのかを見極める必要があります。

　そこで，以下のアセスメント票にて，

　　　〔〇〕できる

　　　〔△〕時々できる・もう少しでできそう

　　　〔×〕できない・無理である

のチェックをしてみてください。そして，〔〇〕とされた項目は，子どもはすでに獲得したものと判断して，そのスキルを用いた生活をますます展開してあげましょう。〔△〕〔×〕とされた項目は，子どもがまだ十分に獲得されていないものと判断して，そのスキルを生活や遊びの場面等を通して経験したり練習してみましょう。

　なお，アセスメント票には目安となる年齢が示されています。これは，ダウン症のある子どもを調査したさまざまな研究や資料等から，ダウン症児が獲得する平均的な時期を示しています。発達の早い子どもは，当該の目安年齢よりも早く獲得します。一方，発達がゆっくりな子どもは，目安の年齢よりも後になって獲得します。したがって，個人差がありますので，対象とする子どもに応じて調整してください。また，障害のない健康な子どもの標準的な発達年齢とは異なりますのでご注意ください。

　〔△〕〔×〕とされた項目は，その番号に対応した9章のプログラムに取り組んでみましょう。また，子どもの様子や生活環境等に応じて，必ずしもプログラムをそのまま実践するのではなく，環境や場面等に応じて工夫・修正・教材等を変更して取り組めるとよいと思います。

ダウン症児の「知能」を育てるためのアセスメント票

ダウン症のある子どもの目安年齢	番号	項　目〔知覚運動・空間認知(P)／概念・比較判断（C）／記憶(M)／数・算数(A)〕	領域／目標機能	評価○ △ ×
I段階（0-1歳）	2-I-1	光る物に反応してよく見たり追視する	P	
	2-I-2	ボール（電車や車のおもちゃ等）を転がす（走らせる）と追視する	P	
	2-I-3	箱の中にある小さめの玩具をのぞき込んだり手で探る	P	
	2-I-4	トンネルに入った電車の玩具が出てくる場所に視線を向ける（予測する）	M	
	2-I-5	目の前でタオル等で隠された玩具を取り出す	M	
	2-I-6	机から下に落ちた物を拾える	M	
	2-I-7	丸，三角，四角の型はめができる	P	
	2-I-8	見本や印の通りに順序よく棒を挿せる	P	
	2-I-9	ブロックや積み木をいくつか積める	P	
	2-I-10	内側と外側を区別することができる	C	
	2-I-11	反転させたり裏返しにした絵が分かる（組み合わせて絵を完成できる）	P	
	2-I-12	ペグボードにペグを挿せる	P	
II段階（2歳）	2-II-13	3つのカップや箱のうちの1つに隠した玩具を，一度目で探し当てることができる	M	
	2-II-14	3〜5枚の絵カードを裏返してもカードの絵を覚えている	M	
	2-II-15	紙にスタンプを押せる	P	
	2-II-16	ミニカーで絵地図の道路や線をたどって動かせる	P	
	2-II-17	連続して円を描くようにぐるぐる描きができる	P	
	2-II-18	3〜5つの入れ子を正確に重ねる	C	
	2-II-19	さまざまなマークや図形等のマッチングができる	P	
	2-II-20	「1個」「もう1個」が分かる	A	
	2-II-21	積み木を倒さずに高く積める（7〜8個以上）	P	
	2-II-22	物や道具等の向きや形をそろえて片づける（しまう）	P	

II段階（2歳）	2-II-23	貯金箱にコインを入れられる	P	
III段階（3-4歳）	2-III-24	数詞を1から3まで唱えることができる	A	
	2-III-25	縦線を引ける	P	
	2-III-26	ブロックをはめたり，外すことができる	P	
	2-III-27	折り紙を半分または線の通りに折れる	P	
	2-III-28	円，楕円，三角形，正方形，長方形，六角形，ひし形，台形等の型はめができる	P	
	2-III-29	紙にシールが貼れる	P	
	2-III-30	絵本やイラストを見て，図と地の関係が理解できる	P	
	2-III-31	二語文（例：大きい犬）の復唱ができる	M	
	2-III-32	3つの単語（みかん，バナナ，ぶどう等）を提示されて復唱する，またはその絵カードを選べる	M	
	2-III-33	碁石や2色のおはじきを色別に箱や皿に分類できる	C	
	2-III-34	数詞を10くらいまで唱えることができる	A	
	2-III-35	多い・少ないが分かる	A	
	2-III-36	簡単な単線で描かれた絵で，欠けている部分を，ペンでつないで描き足すことができる	P	
	2-III-37	左右を区別することができる	P	
IV段階（5-6歳）	2-IV-38	物は，見る位置によって違った像や形になることを理解している	P	
	2-IV-39	1桁の3つの数字を聞いて，正しく順序通りに復唱できる	M	
	2-IV-40	複数の指示（ゴミを捨てる−絵本を持ってくる−電気を消す等）を聞いて遂行できる	M	
	2-IV-41	簡単な地図に描かれた数か所の印の場所を覚えている	M	
	2-IV-42	複数の色（赤，青，黄等）ごとに分類ができる	C	
	2-IV-43	2〜3つの類似した絵（例えば，りんごとりんご，りんごとみかん）を見て，同じか違うかを指摘できる	C	
	2-IV-44	1対1対応（例：10個ほどの物と小皿を対応させる）で物を並べる	A	
	2-IV-45	手本を見ながら同じ数，同じ色ごとに分けることができる	C	

IV段階（5-6歳）	2-IV-46	3つまでの個数を数えることができる（「何個?」に「3個」と正しく回答）	A	
	2-IV-47	重さの比較ができる	C	
	2-IV-48	30センチほどの距離で3〜4つの曲がり角や行き止まりのある迷路を指でなぞって間違わずにたどれる	P	
	2-IV-49	20ピースほどのパズルを1人で最後まではめることができる	P	
	2-IV-50	3〜5つの単語（いす，ぼうし，いぬ，くるま等）を聞いて，順序通りに再生できる	M	
	2-IV-51	3〜5つの指示（立つ，笑う，座る等）を聞いて，順序通りに行為ができる	M	
	2-IV-52	なめたり飲んだりして味を弁別できる	P	
V段階（7-9歳）	2-V-53	3〜5つの蓋つきの箱に小物をしまい，どの箱にしまったかを覚えている	M	
	2-V-54	いくつかの積み木をランダムに叩いていき，その順序を覚えていて再生できる	M	
	2-V-55	見慣れた物の絵で欠けた部分を指摘できる	P	
	2-V-56	数枚の皿に2個ずつ取り分けることができる	A	
	2-V-57	13個くらいまで正しく数え上げられる	A	
	2-V-58	5個くらいの積み木等の個数と数詞を対応させることができる	A	
	2-V-59	数字を拾い読みできる	A	
	2-V-60	3×3のマトリクス表に，手本を見ながら複数の記号を書き込める	P	
	2-V-61	不合理な状況（例：夏なのにコートを着ている）や間違っている絵を見て指摘できる	C	
	2-V-62	さまざまな形のビーズ10個ほどを使って手本通りに紐に通すことができる	P	
	2-V-63	サイコロの目が分かる	A	
	2-V-64	物事の順番と数詞が対応できる	A	
	2-V-65	時計を見て時間に興味をもつ（反応する）	A	
	2-V-66	さまざまな絵の中から特定の絵を探し出すことができる	P	
VI段階（10歳以降）	2-VI-67	10個の物を半分に分ける	A	
	2-VI-68	簡単な絵地図を読み取ることができる	P	
	2-VI-69	昨日や朝からの出来事を覚えていて説明できる	M	

Ⅵ段階 （10歳以降）	2-Ⅵ-70	5～6枚の絵や図形のカードを並べたものを見て，裏返しても何が描かれているかを言える	M	
	2-Ⅵ-71	不合理な状況や間違っている絵を見て指摘できる	C	
	2-Ⅵ-72	量と量を対応させることによって，量の比較ができる	A	
	2-Ⅵ-73	5以下のたし算，ひき算ができる	A	
	2-Ⅵ-74	時計の時刻が分かる	A	
	2-Ⅵ-75	数を100まで唱えることができる	A	
	2-Ⅵ-76	大小の比較判断でなく，知識や経験に基づいて「ぞうは大きい？小さい？」といった質問に適切に答える	C	

注1）目安の年齢とは，ダウン症のある子どもが獲得する平均的な時期を示している。健康な子どもの標準的な発達年齢とは異なる。

注2）領域は，知覚運動・空間認知（P）／概念・比較判断（C）／記憶（M）／数・算数（A）。

注3）評価は，○できる／△時々できる・もう少しでできそう／×できない・無理である，を記入する。

9章

知能を育てるための
支援プログラム

....
橋本創一

┃ 1. 支援プログラムの構成

　本書では，ダウン症のある子どもの発達を促す「知能を育てるプログラム」
全76項目を4つの領域に分類しています。「知覚運動・空間認知（P：
Perception Motor / Space Recognition)」「概念・比較判断（C：Concept / Compare
and Determine)」「記憶（M：Memory)」「数・算数（A：Number / Arithmetic)」
です。いわゆる，環境や刺激（物）等を見る・聴く・触る・操作する等の感覚
器や身体的動作によって知覚すること，位置や方向等の空間的関係を把握・認
知し判断したりすること，物事に共通している特徴や同類のものを見つけて共
通部分を理解すること，物事を比べたり比べ合わせること，記憶すること，数
えたり計算すること等といった行動です。知能に関する生活や遊びの中におけ
る行為は，こうした4つの領域が必ずしも単一的に用いられているわけではあ
りません。つまり，こうした4つの領域のさまざまなスキルが，組み合わさっ
たり，総合的・包括的に実行されたりしています。本書のプログラムは，4つ
の領域をそれぞれに示していますが，あくまでも，その行為・行動における最
も重視・優先されるであろうスキルの領域を提示しています。いわば，そのプ

ログラムにおける目標とするスキル・機能の領域と考えてください。

　そして，対象とされる子どもの年齢段階（生活年齢）を「Ⅰ段階：0〜1歳」「Ⅱ段階：2歳」「Ⅲ段階：3〜4歳」「Ⅳ段階：5〜6歳」「Ⅴ段階：7〜9歳」「Ⅵ段階：10歳以降」の6つの段階に分類しています。Ⅰ段階12項目，Ⅱ段階11項目，Ⅲ段階14項目，Ⅳ段階15項目，Ⅴ段階14項目，Ⅵ段階10項目です。

　「知覚運動・空間認知（P）」は，環境や刺激（物）等を見る・聴く・触る・操作する等の感覚器や身体的動作によって知覚することや，位置や方向等の空間的関係を把握・認知し判断したりする力です。その知覚運動・空間認知を育てる領域は，9章の支援プログラムには，全部で32項目あり，知能のプログラムの中で最も多い42%を占めています。年齢段階ごとに見ると，Ⅰ段階8項目，Ⅱ段階7項目，Ⅲ段階8項目，Ⅳ段階4項目，Ⅴ段階4項目，Ⅵ段階1項目，低年齢期に集中して配置されています。

　「概念・比較判断（C）」は，物事に共通している特徴や同類の物を見つけて共通部分を理解することや，物事を比べたり比べ合わせたりする力です。9章の支援プログラムには，全部で10項目あり，知能のプログラムの中で13%を占めています。年齢段階ごとに見ると，Ⅰ段階1項目，Ⅱ段階1項目，Ⅲ段階1項目，Ⅳ段階4項目，Ⅴ段階1項目，Ⅵ段階2項目です。

　「記憶（M）」は，さまざまな情報を覚え（記銘し）て，保持・保管しておき，必要に応じて取り出す（想起する）ことができる力を育てる領域です。9章の支援プログラムには，全部で16項目あり，知能のプログラムの中で21%を占めています。年齢段階ごとに見ると，Ⅰ段階3項目，Ⅱ段階2項目，Ⅲ段階2項目，Ⅳ段階5項目，Ⅴ段階2項目，Ⅵ段階2項目です。

　「数・算数（A）」は，数唱（1，2，3，…）や物の順序（1番，2番，3番，…），個数（いくつあるかを認識する），数字，足したり引いたりの計算をする力を育てる領域です。9章の支援プログラムには，全部で18項目あり，知能のプログラムの中で24%を占めています。年齢段階ごとに見ると，Ⅱ段階1項目，Ⅲ段階3項目，Ⅳ段階2項目，Ⅴ段階7項目，Ⅵ段階5項目です。

【Ｉ段階：Ｐ領域】

2-Ｉ-1　光る物をよく見よう

個別療育／指導

ねらい

光る物に目を向ける。物の動きを目で追う。

教材・場面

光るおもちゃ。

指導者と対面または並んで取り組む。

方法・工夫

(1) 子どもに声をかけて，光るおもちゃを見せる。

(2) おもちゃをゆっくりと動かし，動きを目で追わせる。

※子どもの目から 20 ～ 30 センチの距離で行う。

※動かす範囲は 50 度くらいまでで子どもの視野に入る範囲で行う。

≪ダウン症っ子チャレンジポイント≫

・視界の上下左右，中心等におもちゃを動かした時，その方向を向くか。

・左右（あるいは上下）の一方向に動くおもちゃを目で追うか。

・左右（あるいは上下）に往復して動くおもちゃを目で追うか。

2-Ⅰ-2　ボールを目で追いかけよう

個別療育／指導

ねらい

物に目を向ける。物の動きを目で追う。

教材・場面

ボール。

指導者と対面または並んで取り組む。

方法・工夫

(1) 子どもに声をかけてボールを見せる。

(2) ボールをゆっくりと転がし，動きを目で追わせる。

≪ダウン症っ子チャレンジポイント≫

・転がす前のボールを見ているか（見ていなければ，ボールを軽く弾ませて興味を引きましょう）。

・転がっているボールを目で追うか（ゆっくりと転がしましょう）。

【I段階：P領域】

2-I-3　コップの中から取り出そう

個別療育／指導

ねらい

物に注目する。物に手を伸ばし取り出す。

教材・場面

コップ，小さなおもちゃ（興味をもつ物，コップに入る物）。

指導者と対面または並んで取り組む。

方法・工夫

(1) コップの中におもちゃを入れて見せる。

(2) コップを子どもに渡して「取ってごらん」と声をかける。

※注意がそれる場合は，おもちゃがコップの中に入っている状態でコップを
　振って音を出して注意を引く。

≪ダウン症っ子チャレンジポイント≫

・コップを手に取るか。

・コップの中に手を入れたり，おもちゃを触ったりするか。

・おもちゃをつかみ，取り出せるか（取り出せたら，拍手してほめましょう。
　おもちゃでしばらく遊びましょう）。

2-I-4 ボールの動きを予測しよう

個別療育／指導

ねらい

一度見えなくなった物を記憶し，動きを予測して目を向ける。

教材・場面

ボール，目隠し（箱やついたて等）。

指導者と対座して取り組む。

方法・工夫

(1) 指導者と子どもの間に箱等の目隠しを置く。

(2) 子どもに声をかけてボールを見せる。

(3) 目隠しよりも指導者側のスペースでボールを左右に転がし，ボールが隠れたり現れたりする様子を見せる。

≪ダウン症っ子チャレンジポイント≫

・転がす前のボールを見ているか（見ていなければ，ボールを軽く弾ませて興味を引きましょう）。

・ボールが隠れるところまで目で追えているか。

・ボールが現れるところを予測して見ているか（隠れるところまでの距離を長めにとり，ゆっくり転がしましょう）。

【I段階：M領域】

2-Ⅰ-5　隠れたおもちゃを探そう

個別療育／指導

ねらい

一度見えなくなった物を記憶し，手を伸ばして探す。

教材・場面

おもちゃ（子どもが興味を示すもの），タオル。

指導者と対座して取り組む。

方法・工夫

(1) 子どもにおもちゃで遊ばせる。

(2) 子どもの目の前でおもちゃにタオルをかけて隠す。

(3)「おもちゃはどこかな？」と声をかけて探すよう促す。

※タオルを取ろうとしない場合は，おもちゃがタオルに隠れた状態から少し
　見える状態にしてみる。

≪ダウン症っ子チャレンジポイント≫

・おもちゃがタオルで隠れてしまっても，目を離さずじっと見ているか。

・タオルを取ろうとするか（タオルを取ることができたら，拍手してほめましょ
　う。しばらくおもちゃで遊びましょう）。

2-I-6　落ちた物を拾おう

個別療育／指導

ねらい

落ちた物に目を向ける。「ちょうだい」「取って」が
分かる。

教材・場面

お手玉，小さな机。
指導者と対面または並んで取り組む。

方法・工夫

(1) 机の上にお手玉を置いて子どもに見せる。

(2) 目の前でお手玉を転がして机の下に落とす。

(3) 指さししてお手玉に注目させ，「ちょうだい」と声をかける。

≪ダウン症っ子チャレンジポイント≫

・下に落ちたお手玉を目で追うか（落とす，拾うを何度か繰り返してみましょう）。

・落ちたお手玉を触るか。

・お手玉を拾い，指導者に手渡すか（手渡すことができたら「ありがとう」と笑顔で伝えましょう）。

【I段階：P領域】

2-I-7　型はめをしよう

個別療育／指導

ねらい

触って形の違いが分かる。形に合う積み木を探す。

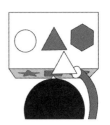

教材・場面

3種（〇，△，□）の型はめ。

指導者と対面または並んで座って取り組む。

方法・工夫

(1) 3種の型はめを子どもに見せる。

(2) 型はめのピースを1つずつ渡して，それぞれの型にはめるように促す。

※型はめができない場合

・やり方の工夫……まずは指導者が手本を見せる。

　　はまっている型を抜くことから始める。

　　あらかじめ半分ほどはまった状態から始める。

・教材の工夫……型はめのピースを赤色等で塗り，目立つようにする。

≪ダウン症っ子チャレンジポイント≫

・〇，△，□のピースをすべて外すことができるか（楽しく形に親しみましょう）。

・〇，△，□のピースをすべてはめることができるか。

2-I-8　棒挿しをしよう

個別療育／指導

ねらい

挿す穴に注目しながら，順番に棒を挿す。

教材・場面

棒挿し。

指導者と対面または並んで座って取り組む。

方法・工夫

(1) 棒挿しを子どもに見せる。

(2) 棒挿しの棒を1本ずつ子どもに渡して，端から順番に挿すよう促す。

※順番に挿すことが難しい場合，まずはすべて挿してある状態を見せ，順番に抜くことから始める。

≪ダウン症っ子チャレンジポイント≫

・端から順番に抜くことができるか（1，2，3とカウントしたり，拍手を合わせて楽しく）。

・手元の穴を見ながら棒を挿しているか（指さしや声かけで注意を引きましょう）。

・端から順番に棒を挿せるか。

【I段階：P領域】

2-I-9　上手に積めるかな？

個別療育／指導

ねらい

物を高く積む。積む場所に目を向ける。

教材・場面

積み木，またはブロック（子どもがつかみやすいように大きめのもの）。

指導者と対面または並んで座って取り組む。

方法・工夫

(1) 机の上に積み木を置き，関心をもたせる。

(2) 積み木を積む動作を例示して見せ，積み木を重ねるように促す。

※指導者が積んだ積み木を子どもが壊してしまう場合は，それも1つの遊び
　として楽しむ。

≪ダウン症っ子チャレンジポイント≫

・積み木を積むことができるか（2つでも積めたら，たくさんほめましょう）。

2-I-10　扉の中に入れたおもちゃを取り出そう

個別療育／指導

ねらい
箱の内側に注目する。開いて物を取り出す。

教材・場面
扉のついた棚，おもちゃ（子どもが興味を示すもの）。
指導者と対面または並んで座って取り組む。

方法・工夫
(1) 子どもが興味を示すおもちゃを見せる。
(2) 子どもの前で，棚の扉を開けておもちゃを入れ，閉める。
(3) 「おもちゃはどこかな」と声をかけ，おもちゃを取り出すよう促す。
※取り出すことが難しい場合は，扉を少し開け，おもちゃの一部が見える状態にする。

≪ダウン症っ子チャレンジポイント≫
・おもちゃが棚に入るところを見ているか（興味をもてるよう，棚に入れる前にしばらく遊んでおきましょう）。
・扉を開けたり閉めたりするか。
・棚の中に手を入れたり，おもちゃを触ったりするか。
・棚の中からおもちゃを取り出せるか。
※おもちゃを時々取り替えて取り組みましょう。

【I段階：P領域】

2-I-11　2つに分けた絵を組み合わせよう

個別療育／指導

ねらい

上下方向を理解する。組み合わせて1つの絵を完成
させる。

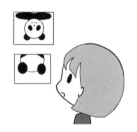

教材・場面

動物のイラストが描かれたカード（真ん中で半分に
切り離したもの）。

指導者と対面または並んで座って取り組む。

方法・工夫

(1) 動物のイラストが描かれたカードの下半分はそのまま机に置き，上半分
　　は逆さまにして置く。

(2)「〇〇（動物の名前）さん作ってごらん」と声をかける。

※やり方を理解していない場合は，指導者が手本を見せる。

≪ダウン症っ子チャレンジポイント≫

・カードを持って，反転させることができるか（「ぐるぐる」と声をかけ，楽
　しい雰囲気で）。

・机上でカードを反転させることができるか。

・カードを正しく合わせられるか（合わせられたら，ハイタッチや拍手をして
　成功を喜びましょう）。

2-I-12　ペグボードで遊ぼう

個別療育／指導

ねらい

穴に注目しながら，片手で棒を挿す。

教材・場面

ペグボード，ペグ。

指導者と対面または並んで座って取り組む。

方法・工夫

(1) 指導者がボードにペグを挿して見せる。

(2) ペグをボードに挿すように促す。

※子どもが上手にペグを挿せないときは，子どもの手を動かして挿す動きや
　距離感を覚えさせたり，ボードの穴を触らせて形や位置を認識させたりす
　る。

≪ダウン症っ子チャレンジポイント≫

・ペグボードにペグを挿せることを理解しているか（理解できていたら，実際
　に挿してみるように促しましょう）。

・ボードにペグを挿すことができるか（補助ありで
　も，たくさんほめましょう）。

【II段階：M領域】

2-II-13　動物さんとかくれんぼをしよう

個別療育／指導

ねらい

1つの物の位置を記憶し，指示に応じて物を取り出す。

教材・場面

コップ（3つ，紙コップ等，同じ材質・形のもの），動物のミニチュア（子どもが興味を示すもの）。指導者と対座して取り組む。

方法・工夫

(1) 3つのコップを見せ，そのうちの1つの中に動物のミニチュアを隠す。

※子どもが指導者の手元を見ているのを確認しながらミニチュアを隠す。

(2)「○○（動物の名前）さんどこにいるかな？」と声をかける。

※3つで難しい場合は，2つのコップから始める。

≪ダウン症っ子チャレンジポイント≫

・コップにミニチュアを隠すところを見ているか（コップは1つまたは2つから始めましょう）。

・ミニチュアが隠れているコップに手を伸ばすか（探し当てたら，拍手してほめましょう）。

2-Ⅱ-14　どこにあるか当てよう

個別療育／指導

ねらい

複数のカードの位置を記憶し，指示されたカードを
めくる。

教材・場面

果物の絵カード（3枚，例：バナナ，イチゴ，りんご，
1枚ずつ）。

指導者と対座して取り組む。

方法・工夫

(1) 3枚の絵カードをランダムに並べて見せる。

(2) 絵カードを裏返しにする。

(3) 「〇〇はどれ？」と言い，言われた絵カードをめくるよう促す。

※3枚で難しければ，2枚のカードから始める。

※3枚でできたら，絵カードの枚数を増やしたり，違うカテゴリーの絵カー
　ドを混ぜたりする。

≪ダウン症っ子チャレンジポイント≫

・絵が見える状態で，指示された絵カードに手を伸ばせるか（カードは1枚
　または2枚から始めるとよい）。

・絵が裏返しの状態で，指示された絵カードをめくれるか（台紙にカードを
　貼りつける等して，厚みをつけるとめくりやすい）。

【Ⅱ段階：P領域】

2-Ⅱ-15　ポンポンスタンプで遊ぼう

個別療育／指導

ねらい

手指や手のひらを使って手先の感覚を養う。

教材・場面

スタンプ，紙。

指導者と対面または並んで座って取り組む。

方法・工夫

(1) 指導者が紙にスタンプを押して見せる。

(2) スタンプを紙に押すように促す。

※慣れてきたら，スタンプよりやや大きい枠を描いて，枠の中にスタンプを押す練習をするのもよい。

※押す時の角度や力加減がうまくいかない時は，子どもの手を取って一緒に押す。

≪ダウン症っ子チャレンジポイント≫

・強すぎず，弱すぎない適度な力でスタンプを押すことができるか（スタンプを押したら，上手でなくてもほめてやり，楽しい雰囲気を作りましょう）。

・手の動かし方（垂直に手を上下させる）やスタンプの握り方は適切か。

2-II-16　ミニカーで遊ぼう

個別療育／指導

ねらい

枠の内側に注意しながら，物を操作する。

教材・場面

ミニカー，道路を描いた紙。

指導者と対面または並んで座って取り組む。

方法・工夫

(1) 紙に描いてある道路にミニカーを走らせて，子どもに見せる。

(2) ミニカーを渡し，道路に走らせるよう促す。

※色や形の違うミニカーをいくつか準備し，子どもに選ばせてもよい。

※一緒に紙にペンやテープで道路を作ったり，家を描いたりする活動をする
のもよい。

≪ダウン症っ子チャレンジポイント≫

・線（道路）の形に合わせてミニカーで線をたどることができる（楽しい雰囲
気を作りましょう）。

【II段階：P領域】

2-II-17　連続して円を描くようにぐるぐる描きをしよう

個別療育／指導

ねらい

筆記具を使用することに慣れる。両手で操作する。

教材・場面

円を連続させて，ぐるぐるうず巻きを描く。

指導者と対面または並んで座って取り組む。

方法・工夫

(1) 指導者が例示して見せ，活動に関心をもたせる。

(2) 利き手にペンを持たせ，空いた手で紙を押さえるよう適宜補助をする。

※視線が手元からそれた際は，手元に注意を向けるように促す。

※クレヨンや水性マジック等，本人が好むものや持ちやすいペンを用意する。

≪ダウン症っ子チャレンジポイント≫

・はじめは指導者が子どもの背後から紙を手で押さえたり，ペンを一緒に
　握って丸を描いたり，適宜補助する。

・「ぐるぐる」とリズミカルに動かせるよう，絵描き歌のように「♪ぐーる
　ぐる♪」と歌いながら，楽しく描くことができるように補助する。

・描く活動に慣れてきたら，背面からの補助の際に，ペンを持っている手を
　誘導せずに自分から描き始めるまで待ってみる（歌をうたってあげることも
　効果的でしょう）。

2-II-18　入れ子を重ねよう

個別療育／指導

ねらい

大きさの違いに気づき，順番に入れ子を重ねる。

教材・場面

入れ子（5個）。

指導者と対面または並んで座って取り組む。

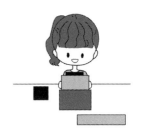

方法・工夫

(1) 重ねた状態の入れ子を見せる

※入れ子の数は2個から始め，徐々に数を増やす。

(2) 子どもの目の前で入れ子を全部取り出して，机（あるいは床）の上にランダムに並べる。

(3) 「もとに戻してごらん」と声をかけ，重ねるように促す。

※理解が難しい場合………

・手本として指導者が重ねて見せる。

・重ねる入れ子の数を減らす。

≪ダウン症っ子チャレンジポイント≫

・重なっている入れ子をバラバラに全部取り出して遊ぶか。

・手本を見た後，正しい順番で入れ子を重ねることができるか。

【Ⅱ段階：P領域】

2-Ⅱ-19　同じマークのところにシールを貼ろう

個別療育／指導

ねらい

見て形の違いが分かる。形に合うシールを貼る。

教材・場面

○，△，□，☆，◇の形が描かれた紙と，描かれた
マークと同じ形のシール。

指導者と対面または並んで座って取り組む。

方法・工夫

(1) ○，△，□，☆，◇の形が描かれた紙を机の上に置く。

(2) ○，△，□，☆，◇のシールを1枚ずつ子どもに渡す。

(3) シールを同じマークのところに貼るよう促す。

※シールを貼る操作が難しければ，マークの上に置いてもよい。

※動物等，具体物を使用してもよい。

≪ダウン症っ子チャレンジポイント≫

・形のシールを興味をもって手に取るか（シールをつまむのが難しければ，厚
　みがあるカードを用いるといいでしょう）。

・同じマークのところにシールを置くことができるか（はじめは形ごとに色を
　分け，慣れてきたらすべて同色にしましょう）。

2-II-20　おやつの数をかぞえよう

個別療育／指導

ねらい

1から3までの数が分かる。指示された数の物を手
渡す。

教材・場面

同じ見た目のクッキー（3枚，個包装のもの），皿（1
枚）。

指導者と対面または対座して取り組む。

方法・工夫

(1) 指導者が「1個」「2個」「3個」と数えながら，皿の上にクッキーを3枚
　　置く。

(2)「3個あるね」と子どもに伝える。

(3)「1個どうぞ」と言って，子どもにクッキーを1枚手渡す。

(4)「先生に1個ちょうだい」と言い，クッキーを手渡すよう促す。

(5)「先生にもう1個ちょうだい」と言い，クッキーを手渡すよう促す。

≪ダウン症っ子チャレンジポイント≫

・「1個ちょうだい」と言われて，クッキーを1枚手渡せるか。

※菓子の種類や個数は適宜調整する。

【II段階：P領域】

2-II-21　積み木を倒さずに高く積もう（7〜8個以上）

個別療育／指導

ねらい

力加減に注意して，慎重に物を高く積む。

教材・場面

積み木（10個程度）。

指導者と対面または並んで座って取り組む。

方法・工夫

(1) 指導者が積み木を積んで見せ，活動に関心をもたせる。

(2)「たくさん積んでごらん」と声をかける。

※視線が手元からそれた際は，手元に注意を向けるように促す。

≪ダウン症っ子チャレンジポイント≫

・積み木を親指，人差し指，中指の3指を使ってつまんでいるか。

※集中して操作したり，積み上げる個数が増えてきたら，大いにほめて意欲
　的に取り組めるようにしましょう。

2-Ⅱ-22　物や道具等の向きや形をそろえて片づけよう

個別療育／指導

ねらい

物の形や向きに気づき，分類する。

教材・場面

カトラリーボックス（2個），スプーン，
フォーク（各5本），皿（1枚）。

指導者と対面または並んで座って取り組む。

方法・工夫

(1) スプーンとフォークを混ぜて皿の上に置く。

(2) 手本として，指導者がカトラリーボックスに2本ずつ分類して見せる。

(3) 「次は○○さんの番だよ」と声をかけ，皿の上のカトラリーを1本ずつ
　　子どもに手渡す。

※必要に応じて，カトラリーボックスにスプーンやフォークの写真等を貼り
　つけ，所定の場所を分かりやすくする。

≪ダウン症っ子チャレンジポイント≫

・スプーンとフォークを正しいボックスに分類できる（できたら「ありがと
　う」と笑顔で伝えましょう）。

【Ⅱ段階：Ｐ領域】

2-Ⅱ-23　貯金箱で遊ぼう

個別療育／指導

ねらい

穴に注目しながら，片手でコインを入れる。

教材・場面

貯金箱（コインが入るように穴を開けたペットボトル等），コイン。

指導者と対面または並んで座って取り組む。

方法・工夫

(1) コインを手渡し，穴の中に入れるよう促す。

(2) 子どもがコインをうまく入れられない時は，指導者が例示して見せる。

※コインを入れる時「チャリーン」と言ったり，貯金箱を振ってガチャガチャと鳴らしてみたりして，音も楽しむのもよい。

※指導者と子どもで順番にコインを入れる等，一緒に楽しむ。

≪ダウン症っ子チャレンジポイント≫

・穴に合わせてコインの向きを調整して，穴に入れることができる（できたら大いにほめましょう）。

チャリーン

2-Ⅲ-24　いち・に・さん！

集団参加指導

ねらい

1から3までの数詞（数字）を話す。

教材・場面

何か活動を始めようとする場面。

指導者と対座して取り組む。

方法・工夫

(1) 活動を始めようとする時に，おとなが「いち・に・さん！ スタート！」のかけ声をかける。

(2) 子どもも一緒に言うように促し，自分で言えるよう促していく。

※取り組むことが難しい子どもには，子どもが好きなことを行う時に取り入れると，取り組みやすくなる。

≪ダウン症っ子チャレンジポイント≫

・おとなと一緒にみんなで「いち・に・さん」を言えるか。

・子どもが1人で「いち・に・さん」を言えるか。

【Ⅲ段階：P領域】

2-Ⅲ-25　縦線を引こう

個別療育／指導

ねらい

手本を見て同じように書く。両手で操作する。

教材・場面

用紙，子どもが持ちやすいペン，ごほうびシール。
指導者と対面または並んで座って取り組む。

方法・工夫

(1) 指導者が紙に縦線を引いて見せ，活動に関心をもたせる。

(2) 利き手にペンを持たせ，空いている手で紙を押さえるように適宜補助を
　　する。

※視線が手元からそれた際は，手元に注意を向けるように促す。

≪ダウン症っ子チャレンジポイント≫

・補助する際には，子どもの背後から，ペンを持つ手と紙を押さえる手の甲
　を優しく包み込むようにする。

・始点と終点に子どもが好きなシールを貼る等して，見通しをもちやすいよ
　うにする。

・「よーい。スタート！」というかけ声をかけたり，「ヒュー」といった音を
　口まねしたり，リズムのよい音楽を口ずさんだりして，楽しく活動に取り
　組めるようにするとよい。

2-Ⅲ-26　ブロックをはめてみよう

個別療育／指導

ねらい

手指を使ってブロックをはめたり，外したりする。

教材・場面

ブロック。

指導者と対面または並んで座って取り組む。

方法・工夫

(1) 3センチ大の大きめのブロックで指導者が「外す」「はめる」等の操作をして，いくつかの形を作る。

(2) ブロックを持ち替えたり，はめたり外したりして，十分に手指を動かすことができるようにする。

※物をつまむときに特に重要となる親指，人さし指，中指をたくさん使えるように促す。

≪ダウン症っ子チャレンジポイント≫

・はじめは子どもが好きなブロックを自由に選ばせて，並べたり積んだりする操作を一緒に楽しむ。

・次に同じ形のブロックで並べたり積んだりする操作を楽しむ。

・慣れてきたら，指導者がいくつかのブロックを順番に積み，1つ1つの手順を見せて，子どもが見通しをもてるようにして，組み合わせができるようにする。

【Ⅲ段階：Ｐ領域】

2-Ⅲ-27　折り紙を半分または線の通りに折ろう

個別療育／指導

ねらい

折り目の線に沿って折る。両手で細かい操作をする。

教材・場面

折り紙。

指導者と対面または並んで座って取り組む。

方法・工夫

(1) 指導者が折り紙を半分に折るための線を引き，その線に沿って折る。

(2) 子どもに線に沿って折り紙を折らせる。

≪ダウン症っ子チャレンジポイント≫

・はじめは，ある程度折り目をつけて，子どもが「折る」活動に見通しがもてるようにする。

・指導者は，子どもの背後から，折り紙を折る方の手と押さえる方の手の甲を優しく包み込むようにして，折る操作に見通しをもてるようにする。

・折る操作に慣れてきたら，折り紙を押さえる手だけを背後から押さえて，折り紙を折る方の手は自分から主体的に動かすまで待ってみる。

2-Ⅲ-28　いろいろな形の型はめをしよう

個別療育／指導

ねらい

物の形に注目し，手先で向きを調整してはめる。

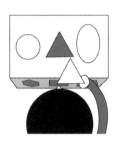

教材・場面

木製の型はめ（円，楕円，三角形，正方形，長方形，六角形，ひし形，台形等）。

指導者と対面または並んで座って取り組む。

方法・工夫

(1) 指導者がまず型はめをやって見せる。

(2) 子どもに同じようにやらせる。

※１人でできない場合は，試行錯誤して何度も挑戦させる。

≪ダウン症っ子チャレンジポイント≫

・まずは円や長方形等，型はめがしやすい形のみを提示して，子どもが意欲的に操作に取り組めるようにする。

・次第に正方形やひし形等の形も取り入れ，子どもが意欲的に活動し，型はめに成功したら，大いにほめて活動をより楽しめるような雰囲気を作る。

・子どもがすべての型はめに取り組める段階になったら，「よーいスタート」と声かけをしたり，活動中にテンポのよい鼻歌等を指導者がうたい，楽しんで操作できるように支援する。

【Ⅲ段階：P領域】

2-Ⅲ-29　シール貼り遊びをしよう

個別療育／指導

ねらい

目と手を協応させ，定められた位置に貼る。両手で
操作する。

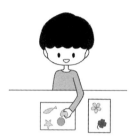

教材・場面

シール・紙。

指導者と対面または並んで座って取り組む。

方法・工夫

(1) 指導者が台紙からシールをはがし，別の紙に貼って遊ぶ手順を見せる。

(2) できるようになったら，紙に四角や丸を描き，その中にシールを貼ることができるようにする。

≪ダウン症っ子チャレンジポイント≫

・子どもが好きなキャラクターや好きな色のシールを準備して，活動に意欲
　的に取り組めるようにする。

・はがす操作が難しい場合には，子どもの背後から補助して，指でシールを
　つまむ練習から始める。

・はじめは自由に貼らせて，大きい円の中に貼ることができたら円をだんだ
　ん小さくして，最後は点に貼ることができるようにスモールステップで練
　習を進める。

2-Ⅲ-30　みいつけた！

個別療育／指導

ねらい
図と地の関係を理解し，形・記号を見分ける。

教材・場面
四角や三角，丸等の簡単な記号が描かれた絵本やイラスト（絵カードでもよい）。

指導者と並んで取り組む。

方法・工夫
(1) 簡単な記号が描かれた絵本やイラスト（図と地の区別が分かるもの）を子どもに見せ，何の記号か当てっこをする。

※探すことが難しい子どもには，図と地の区別がつきやすいよう，境目を紐等の立体的なものにして手で触れながら見つけさせたり，図と地のコントラストがはっきりしたイラストから始めたりするとよい。

※簡単な記号を探すことができるようになったら，線の重なった記号を用いる等複雑にしていく。

≪ダウン症っ子チャレンジポイント≫
・図と地を区別し，いろいろな記号を見つけることができる。

・重なった形の中から記号を見つけることができる。

【III段階：M領域】

2-III-31　まねっこできるかな？

個別療育／指導

ねらい

二語文を聞いて記憶し，促しに応じて復唱
する。

教材・場面

絵本や絵カード，おもちゃのマイク。

指導者と対座して取り組む。

方法・工夫

(1) 絵本や絵カードを見ながら，おとなが「大きい犬」等の二語文を言い，
　　子どもがまねして言う。

※子どもがまねをする時には，おもちゃのマイクを子どもに向けたりして楽
　しみながら取り組めるようにする。

※慣れてきたら，絵本や絵カード等の視覚的手がかりなしで行ってみる。

≪ダウン症っ子チャレンジポイント≫

・視覚的手がかりを見て，イメージとともに二語文を理解できるか。

・二語文を正しく表出（復唱）できるか。

2-III-32　上手に聞けるかな？

個別療育／指導

ねらい

複数の単語を聞いて記憶し，促しに応じて
復唱する（絵カードから選択する）。

教材・場面

実物や写真，絵カード等。
指導者と対座して取り組む。

方法・工夫

(1) 3つの単語をおとなが言い，子どもが表出（復唱）する。または絵カー
ドを選択する。

※毎回リズミカルに「上手に聞けるかな〜」と声かけをしてから単語を言う
と，子どもの期待が高まり，聞く姿勢をしっかり作ることができる。

※見るより聞く方が得意な子どもには復唱から，聞くより見る方が得意な子
どもには絵カードの選択から始めると取り組みやすい。

≪ダウン症っ子チャレンジポイント≫

・複数の単語を記憶にとどめておくことができるか。

・正しく表出（復唱）または選択できるか。

【Ⅲ段階：Ｃ領域】

2-Ⅲ-33 「よーい，どん！」で分けっこしよう　パート1

個別療育／指導

ねらい
2つの色の違いに気づき，分類する。

教材・場面
碁石や2色のおはじき，箱や皿。
指導者と対面または並んで座って取り組む。

方法・工夫
(1) おとなが箱や皿に碁石やおはじきを色別に分類するところを手本として示す（そして，「よーい，どん！」でスタート）。

(2) 子どもが自分で，箱や皿に碁石やおはじきを色別に分類する。速さを意識してうまく分類できない時には，まずはゆっくり分類することから始める。

※分類が難しい子どもには，子どもが分けようとしている碁石の色名をおとなが言って色を意識するように仕向けたり，各色1つ目の碁石やおはじきをおとなが箱や皿に入れたりして分類のヒントを与える。

≪ダウン症っ子チャレンジポイント≫
・色の違いを理解しているか。
・正しく分類できるか。

2-Ⅲ-34　数えてみよう！

個別療育／指導

ねらい

1から10までの数詞（数字）を唱える（数をかぞえる）。

教材・場面

入浴時や，順番を待っている時。

方法・工夫

(1) 入浴時や，遊具等の順番を待っている時に，おとなが10まで数える。

(2) はじめはおとなと一緒に数え，次に数えられるところまで1人で数えてみる。

※数字に興味がある子どもには，数字を見せながら一緒に数えるのもよい。

≪ダウン症っ子チャレンジポイント≫

・1から10まで唱えられるか。

・一緒に唱える人や唱え方の速さが変わっても，1から10まで唱えられるとなおよい。

【Ⅲ段階：A領域】

2-Ⅲ-35　多いの（少ないの）どっち？　パート1

個別療育／指導

ねらい

物の個数の多い・少ないを理解する。

教材・場面

子どもの好きなお菓子や車・ビー玉等のおもちゃ，または絵カード，皿。

指導者と対面または並んで座って取り組む。

方法・工夫

(1) 皿に子どもの好きなお菓子（チョコ等，数えられるもの）をのせ，たくさんのせた皿と少ない皿を用意する。

(2)「どっちが多い？（少ない？）」と聞き，理解を確かめる。

※はっきり比較できるよう，皿にのせる数は大きく差をつけるとよい（例：1個と10個等）。

※お菓子に関心が強く（薄く）集中できない子どもには，代わりに車やビー玉等のおもちゃを使用するのもよい。回答したら斜面に転がして，音や見た目で多い・少ないを遊びながら感じることができるようにする。

≪ダウン症っ子チャレンジポイント≫

・多い・少ないを理解できているか。

・お菓子でなくカードであったり，1個と10個の組み合わせでなく3個と7個のように，物や数が変わっても，多い・少ないを理解できるとなおよい。

2-Ⅲ-36　これ，なぁんだ？

集団参加指導

ねらい

全体の絵を見て，欠けている部分をイメージする。目と手を協応をさせて描く。

教材・場面

単線で描かれた一部分が欠けている絵（例：果物や動物等），ペンやクレヨン。指導者と対面または並んで座って取り組む。

方法・工夫

(1) 一部分が欠けている絵を見せ，「これ，なぁんだ？」と子どもたちに何が描かれていると思うか尋ねる。

(2) 子ども１人１人に１枚ずつ絵を配る。子どもは正しい答えをもとに欠けている部分に線を描き足し，絵を完成させる。

※運筆が難しい子どもには，おとなが手を添えて一緒に描き足す。

≪ダウン症っ子チャレンジポイント≫

・完成図をイメージできるか。

・イメージ通りに運筆できるか。

【Ⅲ段階：P領域】

2-Ⅲ-37　せーのでタッチ！

個別療育／指導

ねらい

左右を理解する。手や耳など体の部位について左右の違いが分かる。

教材・場面

指導者の膝の上に子どもを乗せ，同じ方向を向く。

方法・工夫

(1) おとなの手のひらの上に子どもの手を乗せ，「せーの，右タッチ！」「左タッチ！」と子どもに指示を出す。

(2) 子どもは指示通りにおとなの左手や右手をタッチする。

※難しい子どもには，ふだん使っている手と左右のマッチングを教えることから始める。

※慣れてきたら，速さを変えたり，手だけでなく，耳や足にタッチする等，部位を変えたりして取り組む。

≪ダウン症っ子チャレンジポイント≫

・左右を理解しているか。

・指示通りに左右の手にタッチできるか。

2-Ⅳ-38　何が見えるかな？

個別療育／指導

ねらい

物は，見る位置によって違った像や形になることが分かる。

教材・場面

子どもの好きなキャラクターのぬいぐるみ，画用紙。

指導者と対面または並んで座って取り組む。

方法・工夫

(1) 画用紙の中央にキャラクターのぬいぐるみを置く。

(2) ぬいぐるみを載せた状態で画用紙を回転させ，さまざまな方向からぬいぐるみを見る。

(3) おとなが実況し，見る位置によって違った像や形になることを子どもに気づかせる（例：「横顔だね」「お顔が見えなくなったね（背中だね）」等）。

※慣れてきたら，大小2つのぬいぐるみを背中合わせに置いて，いろいろな位置から見る。

≪ダウン症っ子チャレンジポイント≫

・見る位置によって違った像や形になることを理解できるか。

・大きさの異なる複数のぬいぐるみを用いる場合，位置によって姿は見えなくても「ある」ことを理解できるか。

【IV段階：M領域】

2-IV-39　まねっこできるかな？ 〜数バージョン〜

個別療育／指導

ねらい

複数の数字を聞いて記憶し，促しに応じて復唱する。

教材・場面

おもちゃのマイク。

指導者と対座して取り組む。

方法・工夫

(1) おとなが3つの数字（1桁）を言い，子どもにまねさせる。

(2) 子どもがまねをする時には，おもちゃのマイクを子どもに向けたりして
　　楽しみながら取り組めるようにする。

※聴覚的手がかり（耳で聞く）のみでは記憶保持が難しい子どもの場合には，
　数字カード等の視覚的手がかり（目で見る）を提示するとよい。

≪ダウン症っ子チャレンジポイント≫

・ランダムな数字でも，聴覚的手がかりのみで記憶を保持することができる
　か。

・正しく復唱できるか。

2-Ⅳ-40　お店屋さんごっこ

集団参加指導

ねらい

複数の短い指示を聞いて記憶し，指示の通りに遂行
する。

教材・場面

お店屋さんごっこの道具（カゴ，果物のおもちゃ等）。
指示役：指導者。買い物客の役：子ども。お店屋さ
ん役：子ども（他の指導者が補助につく）。

方法・工夫

(1) 指導者が「カゴを持って→みかんを買って→帰ってくる」等の指示を出
し，遂行させる。

(2) 遂行が難しい子どもには，複数ではなく１つの指示から遂行させ，でき
たら指示を１つずつ増やしていく。

※簡単に達成できるようであれば，スタートラインとお店の間に障害物を置
いたり距離を延ばしたりする。

※聴覚過敏がある等，指示理解が難しい場合は，絵カード等で視覚的に指示
を提示し，まずは楽しみながら取り組めるよう設定するとよい。

≪ダウン症っ子チャレンジポイント≫

・指示を理解しているか。

・指示を記憶にとどめられるか。

・興味のあるものに惑わされることなく，指示を遂行できるか。

【IV段階：M領域】

2-IV-41　どこにあったかな？　パート1

個別療育／指導

ねらい

1つの位置を詳しく記憶し，指示に応じて元に戻す。

教材・場面

簡単な地図，人形や車等の小さめの玩具，記号カード等。

指導者と並んで取り組む。

方法・工夫

⑴ 簡単な地図を描き，その上に子どもの好きな人形を1つ置き，5秒ほど
　 待つ。

⑵ 人形を取り去り，「○○はどこにあったかな？」と声かけし，人形を元
　 の位置に戻すよう促す。

※取り組むことが難しい子どもには，好きなキャラクターの人形を用意する
　 等，興味を引くようにする。

※クリアできた子どもには，人形の数を増やしたり，人形ではなく記号の
　 カードを置いてみる。

≪ダウン症っ子チャレンジポイント≫

・人形等の玩具を元の場所に戻せるか。

・人形等ではなく，記号等の抽象的なものであって
　 も元の場所に戻せるか。

2-Ⅳ-42 「よーい，どん！」で分けっこしよう　パート2

個別療育／指導

ねらい

3色以上の色の違いに気づき，分類する。

教材・場面

複数の色のおはじき，箱や皿。

指導者と対面または並んで座って取り組む。

方法・工夫

(1) おとなが箱や皿に3色のおはじきを色別に分類するところを見せる（「よーい，どん！」でスタート）。

(2) 子どもが自分で，箱や皿におはじきを色別に分類する。速さを意識してうまく分類できない時には，まずはゆっくり分類することから始める。

※分類が難しい子どもには，子どもが分けようとしているおはじきの色名をおとなが言って色を意識するように仕向けたり，各色1つ目のおはじきをおとなが箱や皿に入れたりして分類のヒントを与える。

※おはじきの色と皿の色を同じにしてやりやすく工夫するとよい。

≪ダウン症っ子チャレンジポイント≫

・色の違いを理解しているか。

・正しく分類できるか。

【IV段階：C領域】

2-IV-43　おなじのど～れ？／おなじ？ ちがう？

個別療育／指導

ねらい
同じ・違うを理解し，物を識別する。

教材・場面
おもちゃ（5～6個，そのうち数個は同じおもちゃ），または絵カード。
指導者と対面または並んで座って取り組む。

方法・工夫
(1) おとながおもちゃを1つ手に取り「おなじのど～れ？」と聞く。子ども
　　は，おもちゃの中から同じおもちゃを選ぶ。
(2)「おなじ」が理解できている子どもには，違うおもちゃを2つ用意し
　　「おなじ？ ちがう？」と聞く。「ちがう」が言えるとよい。
※すぐに達成できる子どもには，絵カードをたくさん並べた中で，神経衰弱
　のように「おなじ」を探すのもよい。

≪ダウン症っ子チャレンジポイント≫
・物の「同じ」が理解できているか。
・物の「違う」が理解できているか。

2-Ⅳ-44　1対1対応で分配しよう

個別療育／指導

ねらい

1対1対応となるよう物を分配する。

教材・場面

小皿（10枚），積み木（10個）。

指導者と対面または並んで座って取り組む。

方法・工夫

(1) 小皿を一列に並べ，子どもの利き手側に積み木を置く。

(2) 左から順番に飛ばさずに，積み木を1つずつ皿にのせていくよう促す。

※指示を聞く前に取り組もうとしてしまう場合には，積み木は指導者の手元
　に置き，1つ1つ手渡す。

≪ダウン症っ子チャレンジポイント≫

・1つの皿に1つずつのせられるか（手本を見せる）。

・順番にのせられるか（はじめのいくつかは指さして示す）。

【Ⅳ段階：C領域】

2-Ⅳ-45　まねして分けよう

個別療育／指導

ねらい

積み木の数や色の違いに気づく。手本と同じように積み木をのせる。

教材・場面

皿（2～4枚），積み木（同形のもの2色，各3個程度）。

指導者と対面もしくは並んで座って取り組む。

方法・工夫

(1) 子どもの皿の正面に指導者の皿を置き，積み木を子どもの利き手側に置く。

(2) 指導者が同色の積み木を2個皿にのせ，手本と同じように積み木をのせるよう促す。

(3) (2)ができたら皿を2枚にする／積み木の数を増やす／積み木の色にバリエーションをつける等のアレンジをする。

≪ダウン症っ子チャレンジポイント≫

・手本を見て数や色を確認しているか（「見て」と注意を引く）。

・皿の枚数，積み木の数，積み木の色の違いを意識
して取り組めるか（はじめは確実にできる設定にして，できたらほめましょう）。

2-Ⅳ-46　積み木を叩こう

個別療育／指導

ねらい

数字が個数や量を表していることが分かる。

教材・場面

積み木（4個）。

指導者と対面もしくは並んで座って取り組む。

方法・工夫

(1) 机上に積み木を置き (1～3個)，声に出して数えながら，手に持った積み木で机上の積み木を叩き，「1個だね」と手本を示す。

(2) 子どもに積み木を手渡して数えるよう促し，「いくつあった？」と尋ねる。

※適切に答えられない際は，そっと手を添えて一緒に「1, 2, 3。3個」等と1個ずつ数えていく。

≪ダウン症っ子チャレンジポイント≫

・1対1対応で積み木を数えられるか（叩くのが難しければ指さしで）。

・最後に言った数が総数を示すことを理解できるか（最後の数でそっと手を押さえ，すぐに「いくつ？」と聞く）。

【Ⅳ段階：C領域】

2-Ⅳ-47　重いのはどっち？

個別療育／指導

ねらい

重い・軽いを理解し，重量の違いに気づいて指摘する。

教材・場面

同形の箱（2個，キャラメルの箱等，手に乗り，中身の見えないもの），硬貨（数枚）。

指導者と対面または並んで座って取り組む。

方法・工夫

(1) 重量差がはっきり分かるよう硬貨を2個の箱に分配し，テープで貼る。

(2) 子どもの前に2つの箱を提示し，「どっちが重い？」と尋ねる。

(3) 慣れてきたら「重いのはどっち？」「軽いのはどっち？」と尋ね方を変える。

※手に取らず答えたり，箱を開けようとする等，比較の仕方が分からない場合は，手本を見せる。

※手に持った感覚のみで実感が難しい場合は中身を見せ，硬貨の量が多い箱と少ない箱があることを理解させてから取り組んでもよい。

≪ダウン症っ子チャレンジポイント≫

・目で見て分からない違いがあることに気づく（おとなが重い方を持った手を下げて「重いね～」と手本を見せるとよいでしょう）。

・「重い」「軽い」の概念が理解できる（正解したらたくさんほめましょう）。

2-Ⅳ-48　迷路で遊ぼう

個別療育／指導

ねらい

枠の内側に注意しながら，ゴールに向けて線を描く。

教材・場面

迷路（A4サイズで3〜4つの曲がり角や行き止まりのあるもの），鉛筆。

指導者と対面または並んで座って取り組む。

方法・工夫

(1) スタートとゴールを明確に提示してから開始する（マークや色をつけると
よい）。

※道を間違えた際には，紙から鉛筆を離さず，一筆描きで戻るよう適宜補助
する。

≪ダウン症っ子チャレンジポイント≫

・ゴールを目指して進めるか（「まっすぐ」，「かっくん〔曲がる〕」）等声かけを
するとよいでしょう。

【IV段階：P領域】

2-IV-49　パズルで遊ぼう

個別療育／指導

ねらい

形や模様の重なりや違いに気づき，パズルを組み合わせる。

教材・場面

20ピースほどのパズル。

指導者と対面または並んで座って取り組む。

方法・工夫

(1) 正面にパズルフレーム，利き手側にピースを提示して取り組む。

※並べるのが難しい場合は，完成見本（完成図）を隣に提示する。

※完成見本があっても並べるのが難しい場合は，完成見本をフレームに下絵として敷いて，その上にピースを並べてもよい。

≪ダウン症っ子チャレンジポイント≫

・ピースの形か模様を手がかりに並べられるか（分かりやすい模様の箇所から取り組みましょう）。

2-Ⅳ-50　順番通りに覚えて話そう

個別療育／指導

ねらい

複数の単語を聞いて記憶し，促しに応
じて順番に復唱する。

教材・場面

身近なことばをランダムに並べたリス
ト（いす，ぼうし，いぬ，くるま等）。
静かな個室で指導者と対座して取り組
む。

方法・工夫

(1)「これから言うことばを覚えて，同じように言ってください」と教示し，
　　指導者が2つの単語を言った後，子どもに順番通りに復唱させる。

(2) 単語は2つから始め，3つ，4つと順に増やしていく。

※指導者は，2秒につき1つの単語を言う程度のスピードで言う。

※応用編として，伝言ゲーム（「○○さんに"いすとぼうしといぬ"と伝えてき
　て」）等，生活や遊びの場面で行ってもよい。

≪ダウン症っ子チャレンジポイント≫

・単語やその順番を正確に記憶し，復唱できるか。

・忘れてしまった時に，「忘れました」「教えてください」と言うことができ
　るか。

【IV段階：M領域】

2-IV-51　指令サーキット

個別・集団療育／指導

ねらい

複数の指示を聞いて記憶し，促しに応じて順番
に遂行する。

教材・場面

短時間でできるサーキット課題（例：ボール入
れ，輪投げ，ケンケンパー等）を３つ程度，ホワ
イトボードや紙，写真，絵カード。

子どもが座る椅子の前に，いくつかの課題に使う道具をランダムに置く。

方法・工夫

(1) 開始前に，それぞれ課題の名称と動作を確認する。

(2) 指導者が「１番ボール入れ，２番ケンケンパー，３番輪投げ」のように指
示し，「スタート」の合図で，立って指示された順に課題を行う。

※言語指示だけでは難しい場合には，ホワイトボードや紙に番号と指示（写
真や絵カードでもよい）を貼ったものを用意し，それを見せながら指示を
与える。

※応用編として，お手伝い（「１番手を洗う，２番テーブルを拭く，３番コップを
運ぶ」）のように生活場面で行ってもよい。

≪ダウン症っ子チャレンジポイント≫

・指示された課題の内容や順番を数分間記憶していられるか。

・１つの活動にとどまらず，気持ちを切り替えて次の活動に移行できるか。

2-Ⅳ-52　この飲み物はどんな味?

個別療育／指導

ねらい

甘い・しょっぱい等,味を理解する。味の違いに気づく。

教材・場面

コップ,ストロー,水,砂糖,食塩,食用クエン酸等。
指導者と対座して取り組む。

方法・工夫

(1)「甘い」「すっぱい」「しょっぱい」等の食べ物や飲み物を連想させ,味
　のイメージとことばを関連づける。

(2) 水に砂糖や塩,クエン酸等を適量溶かした飲み物を少量与え,どんな味
　か答えさせる。

※理解が難しい場合には,先に水を飲ませ,その後目の前で砂糖等を溶かし
　て飲ませ,味が変わることを体験させる。

※一度にたくさん飲まないように注意する。

≪ダウン症っ子チャレンジポイント≫

・味の違いを感じ,ことばにすることができるか。

・ふだんの食事で甘い,すっぱい等の味をことばに
　することができるか。

【Ⅴ段階：M領域】

2-Ⅴ-53　どこにあったかな？　パート2

個別療育／指導

ねらい

複数の物の位置を詳しく記憶し，指示に応じて元に戻す。

教材・場面

6枚程度の絵カード（2セット），6マスの枠が描かれたシート（2枚），シートを覆えるサイズの布。

静かな個室で指導者と対座して取り組む。

方法・工夫

(1) 机上にシートと絵カード6枚を置き，指導者が「このカードをこの中に並べてください」と指示してシートの枠内に絵カードを自由に並べさせ，「どこに置いたか覚えてください」と言って5秒程度待つ。

(2) 5秒経ったら布でシートを隠し，もう1枚のシートと絵カード1セットを子どもの前に置いて，「さっき並べた通りに置いてください」と言って，子どもに並べさせる。

(3) 子どもがすべて並べたら，布を外して答え合わせをする。

※絵カードは4〜10枚程度まで段階的に増やしていく。

≪ダウン症っ子チャレンジポイント≫

・絵カードの位置を正しく記憶し，再現できるか。

・答えを見るのを我慢し，課題に取り組めるか。

2-Ⅴ-54　順番を覚えて鳴らそう

個別療育／指導

ねらい
ランダムに聞こえてくる音を記憶し，指示に応じて順番に再生する。

教材・場面
玩具の木琴（鍵盤の色が1つ1つ異なるものがあるとよい）やハンドベル。
指導者と並んで取り組む。

方法・工夫
(1) 指導者が木琴またはハンドベルを1つ叩いて鳴らし，子どもにまねをさせる。
(2) 指導者が木琴またはハンドベルで複数の音を順番に叩いて鳴らし，子どもに順番通りにまねをさせる。

※最初は1つの音から。順に，2つ，3つと増やしていく。
※鳴らす音は，特定の曲ではなくランダムな音にする。

≪ダウン症っ子チャレンジポイント≫
・指導者の手本をよく見て，正しい順番で音を鳴らすことができるか。

【V段階：P領域】

2-V-55　いつもと違うのどーこだ？

個別療育／指導

ねらい
全体の絵から欠けている部分に気づき，ことばで説明する。

教材・場面
絵カード（ブランコの鎖がない絵，信号の赤色ライトが欠けた絵等，見慣れた物の一部が欠けている絵）。
指導者と対面または並んで座って取り組む。

方法・工夫
(1) 絵カードを提示し，足りない箇所を指さしするよう促す。

(2) 理解がスムーズな場合は，何が足りないかをことばで説明するよう促すのもよい。

※ 1つの絵カードに複数の絵が描かれていてもよいが，注意が散りやすい場合は，1枚の絵カードには絵を1つのみにしたり，他の絵を覆ったりして刺激を減らす。

≪ダウン症っ子チャレンジポイント≫
・足りない箇所を正しく指させるか（難しい場合は，「このあたりはどうかな」とヒントを出す）。

・足りない箇所を説明できるか（「信号の？」等，ヒントを与える）。

2-V-56　おやつを配ろう

個別療育／指導

ねらい

物を同じ個数ずつ分配する。

教材・場面

お菓子（クッキー，チョコレート等），小皿（2枚）。

指導者と対面または並んで座って取り組む。

方法・工夫

(1) 子どもの正面に小皿を2枚，利き手側にお菓子を4個提示する。

(2)「2個ずつのせて」と伝え，分配してもらう。

≪ダウン症っ子チャレンジポイント≫

・複数の数の操作ができるか（好きなお菓子でモチベーションを上げる）。

・同じ数に分配できるか（お母さんと分けっこ等でモチベーションを上げる）。

【Ⅴ段階：Ａ領域】

2-Ⅴ-57　カード集めゲーム

集団参加指導

ねらい

指示されたカードを素早く集める。1対1対応
させて枚数をかぞえ上げる。

教材・場面

絵カード（食べ物・動物等）4種程度（各20枚）。
ゲーム形式（子どもチーム対指導者）で実施す
る。

方法・工夫

(1) カードを床にランダムに並べ，一列に椅子を並べて座る。

(2) 指定されたカードを指導者の合図で一斉に取る（指導者は7〜10枚の
　　カードを取る）。

(3) 取ったカードを子どもチームも指導者もそれぞれ一列に並べる。

(4) 指導者が先に，カードを1枚ずつ指でさして声を出して数えて手本を示
　　し，子どもを指名して子どもチームのカードを数えるよう促す（同じ手
　　順を繰り返し，1人1回ずつ全員が数える）。

※指とカウントがずれる場合は，手を添えて誘導する。

≪ダウン症っ子チャレンジポイント≫

・指示されたカードを取ることができるか（ゲーム感覚で楽しく，取れたら拍
　手でほめましょう）。

・10枚前後のカードを正しく数えられるか（できる人と一緒に数える）。

【Ⅴ段階：Ａ領域】

2-Ⅴ-58　5までの数をかぞえよう

個別療育／指導

ねらい

1から5までの数が分かり，数詞（数字）と対応させる。

教材・場面

積み木（5個），小皿（1枚），数字カード（1～5）（各2枚）。

指導者と対面もしくは並んで座って取り組む。

方法・工夫

(1) 子どもの正面に数字カードを並べ，小皿にのせた積み木を提示する（1～5個）。

(2) 積み木と同じ数の書かれた数字カードを取るよう促す。

(3) 指導者は正解のカードを持っておき，「せーの」で見せ合い正解を確かめる。

※数のカウントが不安定な場合は一緒に数え，その上でカードを選択させる。

※数詞との結びつきが不安定な場合は，指導者がカードを見せ同じものを選択させる。

≪ダウン症っ子チャレンジポイント≫

・数をかぞえて数詞と対応できるか（はじめに数字カードを見て「これが，1」のように一緒に確認する）。

126

【Ⅴ段階：Ａ領域】

2-Ⅴ-59　ビンゴゲーム

集団参加指導

ねらい

ビンゴのルールが分かる。数詞（数字）を拾い読みする。

教材・場面

ビンゴシート（3×3マス，1〜9の数字で作られた
もの）人数分，くじ（1〜9が書かれた紙を箱に入れ
ておく）。

ゲーム形式で実施する。

方法・工夫

(1) シートを配布し，ルールを説明する（読まれた数字に〇をつける，横・
　　縦・斜めのいずれかがそろったら「ビンゴ」と言う）。

(2) 1人ずつ順に前に出てくじを引いてもらい，書いてあった数字を読むよ
　　う促す。

(3) 読まれた数字にそれぞれが〇をつける。

(4) ビンゴになった子どもにはシールを貼る。

≪ダウン症っ子チャレンジポイント≫

・1桁の数詞を言うことができるか（くじにふりがなをふってもよい）。

・聞いた数詞に〇をつけることができるか（難しい場合はくじを見せたり読み
　上げられた数を黒板に書いて伝えてもよい）。

・数詞の拾い読みができるようになってきたら，4×4マスの，1〜20の数
　字で作られたビンゴシートを用意し，取り組む。

2-Ⅴ-60　マトリクス表で遊ぼう

個別療育／指導

ねらい

記号の種類と位置に注意して，手本と同じように書く。

教材・場面

３×３マスのマトリクス表，鉛筆。

指導者と対面もしくは並んで座って取り組む。

方法・工夫

(1) ○△×等の簡単な記号を描いたマトリクス表（すべてのマスは埋めず，子どもに応じて１枚につき３〜５個程度の記号を描く）を手本として提示する。

(2) 手本と同じように，白紙のマトリクス表に記号を描くよう促す。

※運筆が難しい場合には，手本と同じ色のシールを貼る形に変えてもよい。

≪ダウン症っ子チャレンジポイント≫

・手本をよく見て，位置と記号の種類に気をつけて描くことができるか（指さして端から順番に取り組むよう促す）。

・手本をどこに置くとやりやすいか（横・上・重ねる等，取り組みやすい位置を探る）。

【V段階：C領域】

2-V-61　おかしいところはどーこだ？　パート1

個別療育／指導

ねらい

全体の絵から不合理な状況・部分に気づき，こと
ばで説明する。

教材・場面

不合理な絵が描かれたカード。

指導者と対面または並んで座って取り組む。

方法・工夫

(1) 絵を見せ，「おかしいところはどこ？」と不合理な部分を指摘させる。

※不合理な部分を指摘できない時は，「着ているものは何ですか？」等のヒ
　ントを与え，該当する部分に注意を向けさせる。

※正解の絵も提示し，見比べさせて不合理な部分を指摘させる。

※どこがどう違うのか，本来はどうなっているべきなのか説明させる。

※不合理な絵の例：車のタイヤが後ろにしかついていない。／夏のように暑
　い日に厚手のコートを着ている。

≪ダウン症っ子チャレンジポイント≫

・正しい絵と不合理な絵を見比べて，不合理な部分を指摘することができる
　か（探そうとする姿勢をほめましょう）。

・絵を見て，不合理な部分を指摘することができるか（ヒントを与えながら）。

・不合理な部分について説明することができるか（おとなの説明を途中で止め
　て子どもに続きを促すところから）。

2-Ⅴ-62　ビーズを通そう

個別療育／指導

ねらい

ビーズの形に注意して，手本と同じように紐に通す。

教材・場面

約２センチのさまざまな形のビーズ，紐。

指導者と対面または並んで座って取り組む。

方法・工夫

(1) 少ない数から始める。

(2) 最初は指導者が入れて見せ，子どもがビーズを選んで入れる，という活動を１個ずつ交代で行う。慣れてきたら，１回で入れる個数を増やす。

(3) 数が増えてどれと対応させればよいか分からない時は，手本の中で該当するビーズを指さし，「これと同じ物はどれでしょう」等と手がかりを与えながら行う。

(4) 手本と子どもの作っている物を横に並べて見比べさせる。

≪ダウン症っ子チャレンジポイント≫

・形を弁別することができるか（形に着目させるよう，「よく見て」の声かけをするとよいでしょう）。

・提示された手本通りに，ビーズを紐に通すことができるか（通そうとする姿勢を大いにほめて，励ましましょう）。

【Ⅴ段階：Ａ領域】

2-Ⅴ-63　すごろくで遊ぼう

個別療育／指導

ねらい

すごろくのルールが分かる。サイコロの目と同じ数のマスを進める。

教材・場面

すごろくボード，サイコロ，コマ。
指導者と並んで取り組む。

方法・工夫

(1) 簡単なすごろく遊びをする。

(2) サイコロの目を見て，何マス進めばよいか，考えさせる。

※サイコロの目を見てすぐに数が分からない時は，目の数を子どもと一緒にかぞえる。

※「サイコロを振って2が出たら，もう1回サイコロを振る」のようにマスに工夫をし，サイコロを振る機会を増やす。

※サイコロの目がよく見えるように，はじめは大きめのサイコロを用いる。

≪ダウン症っ子チャレンジポイント≫

・サイコロの目の数をかぞえることができるか（「せーの」と指さしをし，数えるよう促す）。

・サイコロの目を見て，コマを進めるマスの数が分かるか（慣れてきたら，おとなの分もやらせて，活動の機会を増やしましょう）。

2-Ⅴ-64　○番はどーこだ？

個別療育／指導

ねらい

物事や活動等の順番が分かり，数詞（数字）と対応させる。

教材・場面

数詞の書かれたカード等，学習プログラムの絵や名称が書かれたカード。

指導者と並んで取り組む。

方法・工夫

(1) その日の学習プログラムを数詞と一緒に提示し，その活動を始める時に「次は○番です」と言って，数詞と組み合わせて活動に移る。

(2) 数の小さい方から順に，あるいはランダムに数詞の書かれたシールをカゴ（引き出し）に貼り，「○番を取ってください」と言われた数と対応したカゴ（引き出し）を開けさせる。

※数詞の読み方を事前に確認してから行う。

※数詞が分からない時は，1から順番に一緒に数える。

≪ダウン症っ子チャレンジポイント≫

・物事や活動等の順番と数詞が対応できるか（数詞に着目できるようにサポートを）。

【Ⅴ段階：A領域】

2-Ⅴ-65　○時になったら〜しよう！

個別療育／指導

ねらい

時計を見て時間に興味をもつ。長針・短針
の違いが分かる。

教材・場面

時計，時刻の書いてあるカード。
指導者と対座して取り組む。

方法・工夫

(1) 時計の時間を基準に，活動を進める。

※子どもが興味をもてる活動を把握しておき，「短い針が3になった（長い
　針が12に来た）ので，おやつの時間です」「○時になったら，好きな△△
　（テレビ番組）が始まるよ」「○時になったのでおしまいです」等と声をか
　ける。

※はじめは「長い針は今どこ？」のように意識的に時計を見るよう促す。

≪ダウン症っ子チャレンジポイント≫

・時計を見て時間に興味をもつことができるか（好きな・楽しみな活動から始
　めましょう）。

2-Ⅴ-66　見つけて，見つけて！

個別療育／指導

ねらい

指示されたカードを見つけ，素早く選択する。

教材・場面

さまざまな絵の中から特定の絵を探し出し
たりするワークシートや本。

指導者と対面または並んで座って取り組む。

方法・工夫

(1) 見つけてほしい絵（例：うさぎ）を伝え，絵が描いてあるシートの中か
　　ら探すように促す。

※さまざまな絵の中から特定の絵を探し出す際は，見つけてほしい絵の見本
　を示しながら「○○を探しましょう」と伝える。

※なかなか見つけられない時は，探す範囲を絞って示すようにする。

≪ダウン症っ子チャレンジポイント≫

・注意がそれやすい時は，何を探せばよいかを思い出させて，注意を戻せる
　ようサポートする。

・限られた範囲ばかりを見ていたり，見落とすことが多い時は，おとなが指
　で示して，見る範囲を広げたり，1つ1つの絵に注意を向けるようにする。

【Ⅵ段階：A領域】

2-Ⅵ-67　半分にしよう

個別療育／指導

ねらい
物を半分に分配する。

教材・場面
・チップ，積み木，クッキーや飴等のお菓子。
・皿，コップ，紙等，分けた物を入れておく容器。
指導者と対面または並んで座って取り組む。

方法・工夫
(1) 「ここにある物をあなたと私で半分こします。同じ数になるように分けましょう」と言い，半分に分けさせる。
(2) 指導者が，子どもの皿に1つ入れ，自分の皿に1つ入れる，を繰り返して例示する。
(3) 指導者が1つ取ったら子どもに1つ取らせる，を繰り返す。
(4) 子どもの皿に1つ取らせたら，指導者の皿に1つ入れさせる，を繰り返す。
(5) 右手と左手に1つずつ持たせ，同時に左右の皿に入れさせる。

≪ダウン症っ子チャレンジポイント≫
・「半分にする＝双方が同じ数になるように分ける」ということを理解できるか（「同じになったかな？」と声かけをするといいでしょう）。
・10個を半分にできる（分けた後は一緒に数えて確かめましょう）。

2-Ⅵ-68　地図を見て出かけよう

個別療育／指導

ねらい

簡単な絵地図に興味をもち，読み取る。

教材・場面

身近な場所の絵地図，簡単な絵地図。

指導者と対面または並んで座って取り組む。

方法・工夫

(1) 家から幼稚園（保育所）間の道のりを簡単な地図を用いて説明する。

(例) 家を出たら右に曲がります。次に，赤いポストが見えたら左に曲がり
　　 ます。そのまままっすぐ行って，3つ目の信号を右に曲がります。……

(2) 実際に行ってみる時には，地図を見ながら行く。

(3) 絵地図の上にミニカー（人形）を置いて，道のりを言って目的地を当て
　　 させたり，目的地までの道のりを言わせたりする。

≪ダウン症っ子チャレンジポイント≫

・絵地図に興味をもつことができるか（いつも行く場所やお気に入りの場所を
　目的地にするといいでしょう）。

・簡単な絵地図を読み取ることができるか（まずは途中の目印まで等，近くか
　ら始めてみましょう）。

【Ⅵ段階：M領域】

2-Ⅵ-69　昨日や朝からの出来事を説明しよう

集団参加指導

ねらい

経験したことを記憶し，ことばで説明する。

教材・場面

・質問カード（「昨日何をして遊びましたか？」
「昨日の夜ご飯は何でしたか？」等，端的に答え
られる質問を書いたもの）。

・ヒントカード（回答例をいくつか書いたもの）。

※事前に保護者に質問内容を伝え，情報収集をしておくとよい。

・みんなの前に立って発表する。

方法・工夫

(1) 質問カードを示して質問を提示し，答え方等の発表の手本を見せる。

(2) 子どもの名前を順に呼んで，発表する。

※発表することに不安がある場合は，自席からの受け答えでもよい。

≪ダウン症っ子チャレンジポイント≫

・過去の出来事を覚えているか（「はい」「いいえ」で答えられる質問をするか，
そうでなければ答えの選択肢を提示する。例：「昨日の夜ごはんは何でしたか？」
に対して「①ハンバーグ，②カレーライス，③オムライス」）。

・過去の出来事をことばで説明できるか（難しければヒントカードを使って）。

2-Ⅵ-70　順番通りに覚えて当てっこしよう

個別療育／指導

ねらい

複数の絵や図形カードを記憶し，指示に応じて順番に当てる。

教材・場面

絵や図形の描かれたカード。

指導者と対面または並んで座って取り組む。

方法・工夫

(1) カードを表が見えるようにして並べ，それぞれ何が描かれているか，声に出して順番に言っていく。

(2) カードを裏返し，何が描いてあったか思い出して言う。または同じカードを選ぶ。

※扱うカードの数や，裏返すカードの数をはじめは少なくしておいて，だんだんと増やしていく。

※上記の方法でできたら，声に出さずにカードに何が描いてあるのか覚えさせる。

≪ダウン症っ子チャレンジポイント≫

・5～6枚の絵や図形カードを並べて子どもに見せた後，それを裏返しても正しく言い当てられるか（答えに詰まった時は，ヒントを出しながら）。

【Ⅵ段階：C領域】

2-Ⅵ-71 おかしいところはどーこだ？ パート2

個別療育／指導

ねらい

全体の絵から不合理な状況・部分に気づき，ことばで説明する。

教材・場面

不合理な絵が描かれたカード。

指導者と対面または並んで座って取り組む。

方法・工夫

(1) 絵を見せ，「おかしいところはどこ？」と不合理な部分を指摘させる。

※ 2-V-61と同様の課題。指摘させる個所を複数にしたり，より抽象的な内容にしたりして難易度を上げて実施する。

※指摘できない時は，「どこか足りないところがあります」「着ているものは何ですか？」等のヒントを与え，該当する部分に注意を向けさせる。

※正しい絵も提示し，見比べさせて不合理な部分を指摘させる。

※どこがどう違うのか，本来はどうなっているべきなのか説明させる。

≪ダウン症っ子チャレンジポイント≫

・正しい絵と不合理な絵を見比べて，不合理な部分を指摘することができるか（探そうとする姿勢をほめましょう）。

・不合理な絵を見て，不合理な部分を指摘することができるか（何か所あるかヒントを出して見通しをもたせるといいでしょう）。

・不合理な部分について説明することができるか（おとなの説明を途中で止めて子どもに続きを促すところから）。

2-Ⅵ-72　多いの（少ないの）どっち？　パート2

個別療育／指導

ねらい

量が多い・少ないを理解する。量と量を対応させ，量を比較する。

教材・場面

チップ，積み木，クッキー，ジュース等，量を比べる物と，それを入れる容器（中身が見えるようになっていて，同じ大きさの物）。

指導者と対面または並んで座って取り組む。

方法・工夫

(1) 入れ物に入れられた物を，どちらが多い（少ない）か問う。

(2) 横に並べて見比べさせ，違いが分かりやすいようにするとよいことを教える。

※長さ，重さ，大きさ等いろいろな物を用いながらさまざまな観点から比較できるようにする。

≪ダウン症っ子チャレンジポイント≫

・物と物とを対応させると量の比較ができるか（比べようとする姿勢をほめましょう）。

【Ⅵ段階：Ａ領域】

2-Ⅵ-73　合わせて（残りは）いくつ？

個別療育／指導

ねらい

5以下のたし算，ひき算が分かる。

教材・場面

お菓子や固形のおかず，積み木やチップ等。

指導者と対面または並んで座って取り組む。

方法・工夫

(1) 「2個持ってるね。先生が3個あげたら合わせて何個になる？」「今4つ
あるけど，3つ食べると残りはいくつになるかな？」等の簡単なたし算，
ひき算をさせる。

※はじめはお菓子や積み木等の具体物を使って，説明しながら行い，次第に
具体物がなくても数字を見ながらできるようにする。

≪ダウン症っ子チャレンジポイント≫

・具体物を足したり引いたりさせて，数えることができるか（「全部で〇個だ
ね」と声かけをする）。

・5以下のたし算，ひき算ができる（「2＋3は5」と復
唱させる）。

2-Ⅵ-74　これは何時何分？

個別療育／指導

ねらい

時計を見て時間が分かる。

教材・場面

アナログ式（算用数字の文字盤）の時計。

指導者と並んで取り組む。

方法・工夫

(1) 自分で針を自由に動かせる時計を用い，「○時△分は？」「この時計は何
時何分？」と，さまざまな時刻を時計で表したり，読んだりさせる。

≪ダウン症っ子チャレンジポイント≫

・長針・短針の違いが分かり，区別することができるか（まずは短い針〔○
時〕から）。

・「今何時？」に答えられるか（最初は一緒に時計を読むことから始めましょ
う）。

・「○時になった」と自分から言えるか（子ども
が楽しみな活動を用意しましょう）。

・「○時○分になったら〜を始めます」と確認
し，時刻に合わせて活動を始める。

【VI 段階：A 領域】

2-VI-75　みんなで 100 までかぞえよう！

集団療育／指導

ねらい

1 から 100 までの数を唱える（数をかぞえる）。

教材・場面

100 までの数字カード等，数が書かれた物。

方法・工夫

(1) 1 人 1 人順番に 1 つずつ数をかぞえていく。

(2) はじめは 100 までの数が一覧になっているカードに印をつけていったり，
　　カードを 1 枚ずつめくったりして，視覚的な補助を行いながら実施する。

※次第に手がかりを少なくし，何も見ないでできるようにさせる。

※慣れてきたら，1 人がかぞえる数を増やしていく。

≪ダウン症っ子チャレンジポイント≫

・数のかぞえ方が分かるか（10 ごとに手を叩く等，区切りをつけながら）。

2-Ⅵ-76　仲間を見つけよう

個別療育／指導

ねらい

大小や長短，速さ，美しさ等を知識や経験に基づいて分類する。

教材・場面

大きめのホワイトボードとマーカー（紙とペンでもよい）。

指導者と並んで取り組む。

方法・工夫

(1)「大きいもの」「小さいもの」「はやいもの」「きれいなもの」等のお題を決め，お題に含まれそうなものをできるだけ多く挙げさせる。

(2) 指導者は，ホワイトボードにお題を書き，子どもが挙げた語句を書いていく。

※想起が難しい場合には，「動物の仲間では？」「家にあるものでは？」等，ヒントを与える。

※応用編として，「ぞうは大きい？　小さい？」等，1つの物について大小や長短，速さ，美しさ等について判断させるクイズを行うのもよい。

≪ダウン症っ子チャレンジポイント≫

・お題に合わせたもの（単語）を挙げることができるか。

・できるだけ多くのものを挙げることができるか。

よくある Q&A

Q1　ダウン症の子の知能を伸ばすような専用の玩具はあるのでしょうか？

A1　ダウン症だからといって特別な玩具を与える必要はありません。お子さんの発達に合わせて，積み木や型はめ，おままごとセット等市販の玩具を用意するとよいでしょう。もし分からなければ，保育園や幼稚園，発達センター等で好んでいる遊びを教えてもらい，可能な範囲で自宅にも用意するという方法も1つです。また，玩具をただ与えるのではなく，おとなが子どもの反応をよく観察しながら，「こうしたらどうなるかな？」と遊んで見せたり，ふり遊び（ごっこ遊び）のやりとりを楽しんだり，励ましたりほめたりしてあげるとよいでしょう。加えて，屋内と屋外では体験できることが異なります。屋内では，座ってじっくりと試行錯誤したり想像（創造）したりする遊びが中心となります。屋外では，全身を使う公園の遊具，道すがら出合う動物や植物，看板や標識等が運動や認知発達につながりますので，屋内・屋外両方の遊びをバランスよく充実させるとよいでしょう。

Q2　子どもの知能の発達を知るには，どのような検査をするのがよいのでしょうか？

A2　子どもの発達や認知能力を知る方法として，知能検査や発達検査があります。知能検査は，記憶や概念の理解等の認知能力，言語能力等を測定する検査で，発達検査はそれに加えて社会性や運動発達も含めた広い発達の度合いを測定する検査です。特に乳幼児期は0歳から実施できる発達検査が用いられることが多く，学齢期になると知能検査が用いられることが多くなります。いずれの検査も，発達程度の年齢と実年齢との差（個人間差），何が得意で何が苦手か（個人内差）を知ることができ，特に個人内差を知ることで，生活や

学習において重点を置くべきことや配慮すべきことが整理しやすくなるでしょう。加えて，近年では知能検査に適応機能検査を併用し，より多角的な視点で子どもの状態を把握しようとする傾向にあります。検査によって測ることができる能力には限りがあるため，専門家に相談していくつかの検査を組み合わせること，検査結果には表われない経験による育ちや学びも重視すべきであることも留意する必要があるでしょう。

Q3 集中することが苦手だったり，日によって気分に波があったりして学習への取り組みにムラがあります。どうしたらよいでしょうか？

A3 ダウン症のある子どもは，集中力や意欲において苦手なことが多いと指摘されています。不要な情報や刺激は取り除いて必要な情報に注目しやすくしたり，理解しやすくなるよう実物や写真，イラスト等を用いたりして，学習環境を整えることが必要です。また，スケジュール等で見通しをもたせる方法として，朝の会で1日の時間割を確認すると，好きな学習や楽しみな給食が動機づけにつながる場合があります。また，1時間の授業時間をさらに3〜4つに活動を細分化して「①計算ドリル，②学習内容：足し算，③復習プリント」のようにホワイトボードに書いて，見通しをもてるようにしながら短時間の集中を繰り返すようにする方法もあります。学習の構成としては，まずは得意な学習や慣れた課題を先に行って，気分が乗ったら少し難しい課題や新しい学習内容に取り組む流れ，いくつかの課題に取り組んだ後にご褒美となるような活動を最後に置いておく流れ等が考えられます。ダウン症のある子は人との関わりを好む子が多いので，1つ課題を終えたら花丸やシールを与えたり，ハイタッチやハグ等の触れ合いをしたりして，達成を一緒に喜んであげるとよいでしょう。

Q4 ダウン症のある子は数の理解が苦手と聞いたのですが，計算やお金の扱いはできるようになるのでしょうか？

A4 数を扱えるようになるには，1から順に数字を言えること，数字の文字と音（読み）が結びついていること，「前から〇番目」と数字の順序性を理解すること，数えた物がいくつあるか個数（集合数）として理解すること等，発達においてさまざまな要素を段階的に獲得していく必要があります。何歳で獲得するかは個人差がありますが，風呂の中で数をかぞえたり，遊びの中で個数をかぞえたりするやりとりを通して，幼児期から数を身近なものにしていきましょう。また，ダウン症のある子は言語的なワーキングメモリの弱さから，繰り上がり・繰り下がりのある計算を暗算で行うことが苦手な場合もあります。その場合は，メモ帳や電卓等の記憶を助けるツールを活用するとよいでしょう。お金の計算は桁が多くなるため買い物の場面では焦ってしまうことも多いですが，最近ではキャッシュレス決済も普及していますから，使いすぎないよう約束事を決めながら活用している方も少なくありません。

Q5 子どもが学校の宿題をやりたがらず，注意すると親子喧嘩になってしまいます。どうしたらよいでしょうか？

A5 さまざまな要因が考えられますが，まずは宿題の量や難易度がお子さんに合っているか担任の先生に確認されるとよいかと思います。簡単すぎても難しすぎても多すぎても，やりがいや意欲が低下してしまうため，量や難易度を本人に合うように調整します。また，手先の不器用さから鉛筆で書くことが苦手で宿題を避ける場合もあります。タブレット型端末等には計算や文字の練習アプリが多くありますから，ICT機器を活用することで書字の負担を軽減させることも方法の1つです。また，身体疾患等の合併症があり疲れやすいために，学校でエネルギーを使い果たしてしまうお子さんもいます。帰宅したら，まずは音楽を聴いたりティータイムにしたりして，休憩を挟むことで気分が切り替わり，宿題に取り組みやすくなるでしょう。さらに，思春期になると親に口出しされることを嫌がるお子さんもいます。放課後等デイサービスや学童保育等，学校と家庭以外の居場所を作り，そこで宿題を済ませてくるという方法

もよいかもしれません。

Q6 高校を卒業すると勉強する機会がなくなってしまうので，知能が落ちてしまうのではないかと心配です。

A6 多くの人は学校を卒業しても，本や新聞を読むことや，買い物や料理等の日常生活の中で，多くの情報に触れ学習で身につけた力を活用しており，難しい数学の公式は忘れたとしても，知能が低下するまでには至りません。しかし，ダウン症のある方は，知的能力の障害ゆえに自分に合った情報を自ら見つけることが難しく，学校で身につけた力をうまく活用することができずに少しずつ忘れてしまう場合もあります。そこで，学校で行っていた学習を卒業後も続けること，余暇の活動範囲を広げることで，能力の維持・向上につなげるとよいでしょう。たとえば，計算ドリルやひらがな・漢字ドリルに取り組んだり，定期的に図書館に行って好きな本を借りて読んだり，スローコミュニケーション（本巻6章参照）等のニュースサイトやアプリからニュースに触れたり，文化や芸術に触れる機会を作ったりする等の方法が考えられます。

索 引

監修者　　　橋本創一　　　東京学芸大学

編　者（※は編集幹事）

　　　　　　橋本創一　　　東京学芸大学
　　　　　　山口　遼※　　独立行政法人国立特別支援教育総合研究所
　　　　　　堂山亞希　　　目白大学
　　　　　　加藤宏昭　　　文部科学省初等中等教育局特別支援教育課
　　　　　　秋山千枝子　　あきやま子どもクリニック

執筆者（執筆順）

　　　　　　橋本創一　　　まえがき・8章・9章・Q&A　監修者
　　　　　　はしもとそういち
　　　　　　山口　遼　　　1章・索引　編集幹事
　　　　　　やまぐち　りょう
　　　　　　加藤宏昭　　　まえがき・2章　編者
　　　　　　かとうひろあき
　　　　　　秋山千枝子　　3章　編者
　　　　　　あきやまちえこ
　　　　　　堂山亞希　　　4章・Q&A　編者
　　　　　　どうやまあき
　　　　　　京林由季子　　5章　岡山県立大学
　　　　　　きょうばやしゆきこ
　　　　　　菅野和恵　　　6章　東海大学
　　　　　　かんのかずえ
　　　　　　赤石武志　　　7章　公益財団法人日本ダウン症協会
　　　　　　あかいしたけし

第9章プログラム執筆者（50音順）

　　　　　　浮穴寿香　　　小金井市児童発達支援センターきらり
　　　　　　うけなよしか
　　　　　　川池順也　　　山梨大学
　　　　　　かわいけじゅんや
　　　　　　佐藤翔子　　　東京学芸大学
　　　　　　さとうしょうこ
　　　　　　田中里実　　　東京都立大学
　　　　　　たなかさとみ
　　　　　　堂山亞希　　　編者
　　　　　　どうやまあき
　　　　　　仁科いくみ　　八王子市立上壱分方小学校
　　　　　　にしな
　　　　　　根本彩紀子　　東京学芸大学
　　　　　　ねもとさきこ
　　　　　　野元明日香　　志學館大学
　　　　　　のもとあすか
　　　　　　武藤伊代　　　茨城県筑西児童相談所
　　　　　　むとういよ

イラストレーター

　　　　　　武藤有紀，福田弥咲，小柳菜穂，しゃも，ひろのあやめ

たのしくできるダウン症の発達支援 アセスメント&プログラム
第 2 巻　知能を育てる

2023 年 6 月 25 日　初版第 1 刷発行

監修者	橋本創一
編　者	橋本創一・山口　遼・堂山亞希・加藤宏昭・秋山千枝子
発行者	宮下基幸
発行所	福村出版株式会社
	〒113-0034　東京都文京区湯島 2-14-11
	電話　03-5812-9702　FAX　03-5812-9705
	https://www.fukumura.co.jp
印　刷	中央精版印刷株式会社
製　本	中央精版印刷株式会社

©S. Hashimoto, R. Yamaguchi, A. Doyama, H. Kato, C. Akiyama 2023
ISBN978-4-571-12587-4　　Printed in Japan

福村出版◆好評図書

池田由紀江・菅野 敦・橋本創一 編著

新 ダウン症児のことばを育てる
●生活と遊びのなかで

◎1,900円　　　ISBN978-4-571-12107-4　C1037

ダウン症児が持つことばの問題の基本的理解と，早期からのことばの指導法を発達段階ごとの生活と遊びから解説。

菅野 敦・橋本創一・小島道生 編著

ダウン症者とその家族でつくる豊かな生活
●成人期ダウン症者の理解とサポート実践プログラム

◎2,100円　　　ISBN978-4-571-12125-8　C1037

成人期に気をつけたい健康上の問題を解説し，心身共に充実した日々を送るための支援プログラムを多数紹介。

橋本創一・横田圭司・小島道生・田口禎子 編著

人間関係でちょっと困った人&発達障害のある人のためのサポートレシピ53
●本人と周囲がおこなうソーシャルスキルトレーニング

◎1,900円　　　ISBN978-4-571-42042-9　C0036

タイプ別に分け，豊富な事例から本人と周囲ができる解決策を提示。人間関係でお困りの方におすすめの1冊。

宮﨑 昭・村主光子・田丸秋穂・杉林寛仁・長田 実 著

障害者のための絵でわかる動作法 2
●自立活動へのはじめの一歩

◎2,600円　　　ISBN978-4-571-12134-0　C3037

自立活動における動作法の活用方法を，個別の指導計画の作成手順，授業実践事例とともにわかりやすく図解。

小野善郎 監修/和歌山大学教育学部附属特別支援学校性教育ワーキンググループ 編著

児童青年の発達と「性」の問題への理解と支援
●自分らしく生きるために 包括的支援モデルによる性教育の実践

◎1,800円　　　ISBN978-4-571-12137-1　C3037

性の概念の変化に対し性の問題をどうとらえ支援するのか。発達段階に応じた性教育の包括的支援モデルを紹介。

北川聡子・小野善郎 編

子育ての村ができた！発達支援，家族支援，共に生きるために
●向き合って，寄り添って，むぎのこ37年の軌跡

◎1,800円　　　ISBN978-4-571-42075-7　C3036

障害や困り感のある子どもと家族をどう支えるのか。むぎのこ式子育て支援の実践からこれからの福祉を考える。

北川聡子・古家好恵・小野善郎＋むぎのこ 編著

子育ての村「むぎのこ」のお母さんと子どもたち
●支え合って暮らす むぎのこ式子育て支援・社会的養育の実践

◎1,800円　　　ISBN978-4-571-42078-8　C3036

むぎのこで支援を受けた当事者の語りを通して，むぎのこ式実践の意味とこれからの社会福祉の可能性を考える。

◎価格は本体価格です。

基本的な接し方，療育や実践の工夫をイラストを交えて紹介。
療育機関や教育機関，家庭でも役立つ！

全**4**巻

たのしくできる
ダウン症の発達支援
アセスメント&プログラム　橋本創一 [監修]

本書の基本構成

・専門家による解説⇒ダウン症児の親の体験⇒アセスメント票⇒0〜10歳の年齢段階別支援プログラム
・「子どももおとなも背伸びせず！」「楽しくなければやめればいい！」をモットーに，療育的要素を取り入れた具体的なプログラム
・第4巻では19歳以降のプログラムも掲載

第1巻　ことばを育てる　橋本創一・田中里実・杉岡千宏・野元明日香・小松知子 [編]
ISBN 978-4-571-12586-7
ダウン症児のことばの力を大きく伸ばすためのアセスメントと，生活の中で楽しくできるプログラムを紹介。

第2巻　知能を育てる　橋本創一・山口　遼・堂山亞希・加藤宏昭・秋山千枝子 [編]
ISBN 978-4-571-12587-4
ダウン症児の自発的な活動を引き出し，知的活動を促すためのアセスメントとプログラム。

第3巻　元気な体をつくる　橋本創一・熊谷　亮・田口禎子・渡邉貴裕・小野正恵 [編]
ISBN 978-4-571-12588-1
ダウン症児に運動習慣を促し，健康な体づくりを楽しく実践できるアセスメントとプログラムを紹介。

第4巻　社会性を育む　橋本創一・李　受眞・尾高邦生・細川かおり・竹内千仙 [編]
ISBN 978-4-571-12589-8
乳幼児期から就労期にわたる，ダウン症児者の社会性の発達を支援するためのアセスメントとプログラム。

無理せず，できることをのばそう

A5判・並製・カバー装・各巻 約160頁
各巻定価（本体2200円＋税）